WENHUAANSA

文化安塞

牛进益　米宏清　编著

陕西新华出版
陕西旅游出版社

图书在版编目（CIP）数据

文化安塞 / 牛进益，米宏清编著. —西安 ：陕西旅游出版社，2014.6（2024.1 重印）
ISBN 978-7-5418-3050-1

Ⅰ. ①文… Ⅱ. ①牛… ②米… Ⅲ. ①文化史－安塞县 Ⅳ. ①K294.14

中国版本图书馆 CIP 数据核字（2014）第 129571 号

文化安塞　　　　　　　　　　　　　　　牛进益　米宏清　编著

责任编辑：邓云贤
出版发行：陕西新华出版传媒集团　陕西旅游出版社
　　　　　（西安市曲江新区登高路 1388 号　邮编：710061）
电　　话：029-85252285
经　　销：全国新华书店
印　　刷：盛大（天津）印刷有限公司
开　　本：787mm×1092mm　　　1/16
印　　张：10
字　　数：17.8 千字
版　　次：2014 年 7 月　第 1 版
印　　次：2024 年 1 月　第 3 次印刷
书　　号：ISBN 978-7-5418-3050-1
定　　价：59.80 元

把最高的礼赞献给安塞这块土地

高建群

1988 年，央视在专题片《河殇》热播后，又拍摄它的续集《中国人》。摄制组来到延安时，我陪同着，为了拍摄民间剪纸艺术家白凤兰老人，摄制组来到安塞沿河湾镇的茶坊村。那天，白凤兰老人对着摄像机，盘腿坐在炕上，画了一张画。导演问她，画的是什么。白凤兰回答说，一男一女，兄妹俩，造人的故事，这是老辈子传下来的画法。

这样过了 10 年，也就是 1998 年，我在新疆高昌古城一座唐代将军墓的穹顶上，又看到那幅类似白凤兰老人所画的画。一男一女，上身相拥着，下身是蛇的尾巴，两条尾巴交媾在一起。我很惊异，我问随行的专家，这是什么图。专家告诉我，这就是那著名的伏羲女娲图。一个中华民族原始初民时代的生殖崇拜传说。

这个故事还没有完。又过了 10 年，中、日、美、英、法、德六国科学家组成的人类基因破译小组，在经过许多年的科学实验之后，终于将人类的遗传基因密码破

1

译出来,分子式排列出来,那个著名的人类遗传基因密码图,或曰"蝌蚪图",正是一男一女,人身蛇尾相互交织在一起的样子。

这件事至今叫我想起来,仍然叫我大惊异,大惊骇。

现在,安塞要出一本历史、文化、文学方面的书。前几天我去延安,看正在建设的新区,听说安塞县七位央视"星光大道"上露过脸的民间歌星,要为县上举行一次汇报演出,于是我赶去观看。观看期间,那些剽悍的男人和精灵一般的女人的表演,叫我仿佛做梦一般。演出结束后,遇到安塞作家米宏清,他说他正在编写一本书,请我写个序。于是,我首先想起的,是白凤兰的那幅画的故事。

白凤兰老人已经作古,她的坟头已经长出萋萋荒草。同时,永缄其口的她也带走了那个古老的秘密。这次去安塞,当我问到民歌大王贺玉堂时,人们告诉我说,他也已经走了。那个站在羌村的山顶上唱《赶牲灵》的金嗓子,那个震惊了北京大学校园,比帕瓦罗蒂的嗓子还要高几度的传奇草根名星,也已经走了。他们让位了,让年轻一代去表现。

山形水势,天造地设,我总觉得,安塞县城的所在地真武洞,是个有些奇特有些灵性的地方。陕北的民间艺术瑰宝,遍布高原,但是有些奇怪,它们往往是借助安塞这个窗口,走出高原,走向世界的。这是偶然因素吗?还是一种必然,我不太明白。

前面说到的那些"星光大道"归来的草根明星,他们有的是安塞土著,也有的大约是别的县境的人,但是,山不转水转,水不转路转,有一天转到安塞,然后就从这个窗口,一飞冲天了。

声震海内外,给中国的舞蹈艺术带来崇高荣誉的安塞腰鼓是这样。西部电影的开山之作,电影《黄土地》的拍摄场景,就是在安塞。还有上面提到的陕北民间剪纸,就好像是以安塞为中心的。前面我提到了白凤兰,还有一个叫高金爱,好像也是安塞人。那一年我去安塞,参观剪纸艺术馆以后,曾经为高金爱老人写过"中华民间文化之根"这样的赞辞。另外,王西安、贺玉堂也都是剪纸艺术家。

安塞还有许多的土生土长的文化人。这些人许多都没有上过大学,但是灰头土脸的他们,不知道怎么三撞两撞,就钻出来了,站起来了,成为乡贤,成为薪火相传的承继者。当写下上面这些文字时,我的眼前浮现出这些人的面孔。

安塞地面是一座宝库,怎么挖也挖不完。一茬人接一茬人的起来,那情形就像高原上来一场透雨,立刻满地生出地软一样。天一干,它消失了,再有雨,它又会满地生出。

这是一个金盆盆,银钵钵,福窝窝。

我把最高的礼赞献给安塞这块土地,献给这块土地上生发出的民间艺术诸多瑰宝。当我们的当代艺术需要助力的时候,总是这个叫安塞的地方最先给予支持,给予佑护,给予引领。它已经这样做了,它还将继续这样做。

我们这个东方民族,正在艰难的前行着。它还将经历许多事情,但是我是坚定不移地相信,它将屹立不倒,它将前行不息。我所以心里踏实的原因之一,就是有类似安塞这样的大地,为它提供力量,提供智慧,提供中华民族初民时期的原始动力。

(高建群:著名作家、陕西省文联副主席、陕西省作家协会副主席)

走进乡土文化的丛林

吴聪聪

　　《文化安塞》是一本比较全面、系统介绍安塞文化的书。是人们了解安塞,尤其是了解安塞文化的窗口,透过这扇窗口,我们看到的是陕北黄土风情文化的浓缩风貌和独特景观。

　　走进文化安塞,走进乡土文化的丛林,感受大地清新芬芳的气息。在这里,我们能够看到人类对生命最本质的认识和表达,对真善美的追求,对心灵世界的纯朴展现。

　　安塞被文化部授予"全国文化先进县",并被命名为"中国民间艺术之乡"。这对安塞来说,是很高的殊荣。的确,安塞是一块艺术的宝地,是闪烁在黄河中上游地区的文化明珠。悠久的历史、灿烂的文化,使安塞拥有极其丰富的文化资源。以安塞腰鼓、安塞剪纸、安塞民间绘画和安塞民歌为品牌的民间艺术,独具特色,享誉全国。安塞腰鼓参加了国庆 60 周年群众游行,千人的阵容在天安门广场表演,吸引了世界的目光。以安塞剪纸为主体的民间剪纸被联合国教科文组织列入《人类非物质文化遗产代表作名录》。在安塞这片土地上,走出了高金爱、白凤兰、白凤莲、曹佃祥四位"世界剪纸艺术大师"。安塞文化所释放的光芒，是那样的耀眼炫目。安塞文化所积淀的底蕴，是那样的富有魅力。

传承和保护民间艺术，推进文化事业繁荣发展，是我们的追求和目标。近两年来，我们非常高兴地看到，安塞文化正在进入一个新的发展阶段。文化软实力进一步提高，文化活力迸发，充满蓬勃的生机。王家湾革命旧址和楼坪张思德牺牲纪念地经过维修后对外开放，在全面开展党的群众路线教育实践活动中，发挥了"活教材"的作用。安塞腰鼓多次参加对外文化交流演出，安塞民间绘画和剪纸作品屡屡在全国获奖。有10位土生土长的安塞民歌手相继走上"星光大道"舞台，安塞民歌清新的山野之风唤醒了人们的乡土记忆，民间艺术强大的力量再一次震撼了人们的心灵，也使人们再一次把目光投向安塞。异彩纷呈的文化活动，吸引着人们走向安塞，走向这片艺术的热土。

文化的繁荣，体现了盛世风采，反映了时代的巨大变化。在新的战略机遇期，我们将依托丰富的文化资源，大力实施"文化旅游兴业"的发展战略，努力提升城市文化品位，加强文化遗产保护，提高公共文化服务功能，进一步激发文化发展活力。深厚的文化积淀蕴藏着县域经济社会发展的不竭能量，同时也是文化软实力建设的重要基石。

进益和宏清两位同志是地地道道的安塞人，是安塞这块土地上成长起来的优秀人才，多年以来一直在文化战线上兢兢业业，躬身耕耘。他们熟悉文化，热爱文化，对文化事业奉献了自己的才情。本书对安塞的历史文化，非物质文化，文学和摄影等现代文化，民间传说、人文景观以及山川、民俗，写安塞的诗文，都作了比较全面的介绍，是地方文化品格和文化遗存的积淀和反映，是地域文化的完整呈现。

人类文明,薪火相传。弘扬地域文化,传承人类文明,不仅仅是文化工作者的事,也不仅仅是文化部门的事,而是全社会共同的文化自觉。当前,我们正处于飞速发展的时代。变革的时代,崭新的生活,需要强大的文化支持和精神引领。希望更多的文化工作者和社会志士致力于文化事业发展,为文化的传承、发展和创新,为推进文化建设更好更快发展,做出新的更大贡献。我相信,有同一目标下的共同努力,安塞文化必将更加辉煌,安塞明天必将更美好。

（吴聪聪:中共安塞县委书记）

目录

W en Hua An Sai

1

◎ 历史安塞

闪烁在黄河流域的文化宝石

　　中国是历史悠久的文明古国之一，黄河流域孕育了博大深厚的中华文化，安塞就处于黄河流域的中上游地区。一方面，安塞的文化反映着中华民族传统文化的形态，另一方面，安塞又是传统文化遗存较为集中、较为典型的区域之一。

　　南宋淳祐壬子年(1252)，安塞县始设，安塞作为县治正式确立，"安塞"一名也由此产生。关于安塞的建置沿革，乾隆九年(1744)《安塞县志》有如下记载：

　　安塞县，古朔方东北地，《禹贡》："雍州之域，春秋时白狄居焉。"秦为上郡高奴县，项羽三分关中，以董翳为翟王，王上郡，都高奴。汉仍秦名，后魏为广洛县，隋曰

明弘治十七年安塞县城图(碟子沟)

金明县,唐初置罢交县,后更名延昌县,宋更为安塞县,元名敷政县,合为一,仍宋名,隶彰武。明洪武二年(1369),底定全秦,仍为安塞县,隶延安府。

清乾隆帝在位时国力强盛,社会安定。当时各地均修编志书,这对于地方文化的传承实为极大贡献。清乾隆本《安塞县志》还对安塞形胜、疆域、四至有详细描述。

形 胜 安塞东依天泽,西亘大河,万山环峙,二水萦流,南逼乌延,北连沙漠,幅员广僻,宁夏咽喉。

疆 域 县境东西相距二百二十里,南北相距一百八十里,延袤四百余里。

四 至 东至安定县界一百二十里,西至保安县界八十里,北至镇靖堡

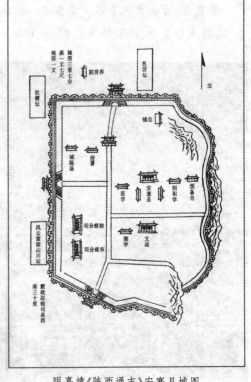

明嘉靖《陕西通志》安塞县城图

4

界一百八十里,南至肤施县界十五里。

当时的县治在今碟子沟。县域面积大体与现在相当。城东天泽山也称金龙山,延水环流,景色宜人。山上建有龙头道观,每年三月三日,游者甚多。前人有《安塞形胜》诗云:"东依天泽势蜿蜒,西控招安古砦连。南依屏藩秦上郡,北临沙漠镇三边。"即是写当时安塞县城。

山川古迹总是文人雅士游玩的去处。每有闲暇,三五结伴,吟诗作赋,寄情山水。安塞虽然地域荒僻,然我们从旧志里看到,依然有一些胜迹。如:

翟王泉 邑城外天泽山上,以董翳所凿取名,土老相传此水甚大,出则冲城,今窒之。

惠民井 城内天泽山坳,砌石层次而下,昼尝暝晦,而水泉清洁,足供百家之用。

安塞建华寺窑湾村出土石造像(时代不详)

均庆寺 邑城西石凤山上尸毗佛剜肉啖鹰救鸽,鸽飞止此,因造寺,与本郡清凉寺并建,今寺毁,石像、宝塔碑记犹存。

舐目泉 距县邑西十五里,元孝子王思聪嚼水舐其母目,水甚清冽,傍有寺名"涌泉"。

石 门 在邑西三十里,两石对峙如门。

桃花仙掌 在敷政故城东,相传冬月,谷中有桃花流出。

仙人桥 距城六十里,俗传仙人所筑,今行者践之,有余响铿然。

双虾石 俗传西二虾为祟,秦王过而斩之,化为石,剑痕矢迹尝存。

圣人条 秦始皇望阴山,过其地,驱十万众修之,堑山堙谷,迄今坦然周行。

高奴城 距县八十五里,倚山为城,土人往往掘地得铜铁石凿,饮马故道尚存。

马超洞 马超凿,深不可测。

青州城 距县百余里,马超筑,遗址尚存。

艾蒿街 距城八十里,吕布故里。

边　墙　距邑城北五里,墙倚山临河,石砌一门,题曰"上郡咽喉",有明隆庆二年(1568),邑令王尚贤建,今圮。

杨六郎牵马巷　在敷政城境内。

望路台　距城一百五十里,秦始皇望阴山处。

洗心泉　距城西四十里,山麓涌出,清湛可鉴须眉,泉左邑人韩一识建"洗心精舍"于此,今圮。

花　庄　在敷政城境,旧日牡丹满山,传云杜甫游植。

薛仁贵洞　悬崖削成,牖户疏豁,相传洞内有仁贵遗骨。

墨台山　色如墨,不可耕作。

金牛太子窟　石塑佛像,碑刻半存。

金明砦　倚金龙山为之,崖有石刻"金明砦"三字。

卧牛城　在邑北川,接镇靖界,形若卧牛。

铁角城　距卧牛城不远。

这些古迹今天大都已无存,但是,单从古迹的名称来看,我们也犹可感受到历史沧桑。有些古迹,如仙人桥、边墙、卧牛城,今天村名仍然沿用,但是古迹无存。青青的野草,覆盖了文化的记忆。如果能将这些古迹完整保留下来,那对于今天的人们来说,传承的文化意义将远远大于古迹本身存在的价值。那些古迹,在远去的岁月里,曾经承载了多少人的记忆。落日的余晖中,又有多少背影,在那里徘徊,在那里流连。

"延州秦北户,关防犹可倚。焉得一万人,疾驱塞芦子。"唐代诗人杜甫,在安塞写下了吟咏边关的诗篇《塞芦子》。这是现存最早写安塞的诗。芦子关位于镰刀湾乡,地势险要,北控沙漠。唐"安史之乱"爆发后,诗人骑一头毛驴,沿延河而上,在芦子关写下此诗。

延安位于陕西北部,黄河流域中上游地区。在古代,这里气候湿润,土地肥沃,草木丰盛,很早就是人类繁衍生息之地。

安塞县出土的尖底瓶(新石器时代)

中华民族的共同祖先轩辕黄帝就葬于延安南部的黄陵县桥山。安塞位于延安北部,从自然环境上讲,安塞的气候、土地较适宜于人类生存。从地理上看,安塞共有四条川道,南川有西河口、砖窑湾、高桥、楼坪,杏子河川有王窑、招安、沿河湾,北川一条川道有镰刀湾、化子坪,一条川道有王家湾、坪桥、建华。这些乡镇和社区共分布在6条河流,分别是延河、杏子河、西川河、小川河、小沟河、双阳河。

延河是黄河的一条重要支流,也是流经安塞县境较长的河流。由镰刀湾杨石寺入县境,经镰刀湾、化子坪、谭家营、真武洞、沿河湾5个乡(镇)、社区,至沿河湾罗家沟出境。境内河长90公里,流域面积2649平方公里。这条著名的河流,哺育了黄土地儿女,也孕育了地方特色文化,具有浓郁的人文色彩。北魏以来,延河因水质清澈,故称清水,又称去斤水。唐代《元和郡县图志》载:"清水,俗名去斤水,北自金明县(即今安塞县)界流入。《汉书·地理志》谓之清水,其肥可燃。鲜卑谓清水为去斤水。"从此段文字记载我们看出,延河古称清水,鲜卑族称为去斤水。到了明代,设延安府,便称延河。

河流是孕育文化的摇篮。在远古时期,先民择河而居,因此在河流附近或靠近河流的区域,留下了极其丰富的聚落遗址。这些遗址反映了人类早期的生产劳动场景,同时也展现了人类创造的灿烂文化。

安塞,取名于"安定边塞"之意,古有"上郡咽喉、北门锁钥"之称。民国时,邑人

化子坪黑泉驿石窟(唐代)

郭超伦写过一首《安塞形势歌》曰:

安塞安塞,形势冠绥延,西汉留胜迹,北斗挂城边。北门锁钥,上郡喉咽;古来英雄,用武此间。剑匣寺、芦子关,风萧兮延水寒,安得貔貅士,控制塞北边? 近据龙安镇,远跨卧牛巅,榆溪铁岭作屏藩,山河四塞,虎踞龙蟠。

安塞北出是银川河套,长期以来,这里位于北方游牧民族与中原汉民族之间。境内有许多的古寨、古烽火台、古战场、驿站以及古洞窟、寺庙、古道。秦始皇统一天下之后,置天下为三十六郡,安塞乃上郡之地。秦时著名的军事要道——秦直道,贯穿于安塞全境,北上直抵内蒙包头。宋时,安塞是北宋的边界地区,北出安塞便是西夏国。

安塞民间文化是中原农耕文化与北方游牧文化的一种交融。历史上,安塞有匈奴、白狄、鲜卑、羌、回等少数民族居住。这些少数民族在安塞均留下鲜明的文化遗迹。安塞腰鼓、安塞民间绘画、安塞剪纸、安塞民歌、大秧歌、转九曲、陕北说书等民间艺术,就比较完整地保留了古老的民间文化。这些民间文化集中反映了人类生活的场景和对美的追求,也记载了黄河流域千百年来人民内心世界的欢乐和哀愁,以及他们对生命的理解和认识,具有心灵史的特征。陕北在历史上出现过三个文化高潮,分别是以远古图腾为代表的新石器文化高潮,以东汉画像石为代表的汉文化高潮,以北宋石窟艺术为代表的宋文化高潮。安塞的历史文化遗存也明显地表现出这三个文化高潮。

安塞在地理上属于黄土高原丘陵沟壑区。积年的雨水冲刷,形成了一道道的梁、峁、沟、坡。明以后,由于经济和文化的原因,陕北的交通和环境封闭,于是,安塞这块原始的、古朴的黄土地,较完整地保存了丰富的、具有原生态风格的民间文化艺术和民风民俗,成为非物质文化遗产比较丰富的地域。诞生、延续、发展于具有五千年文明史的黄河流域的安塞民间艺术,体现着中华民族灿烂辉煌的历史文化。

"多彩的乡情、优美的艺术",这是已故著名版画家古元先生为安塞民间艺术题的词。安塞是黄土地上最具有原生态风格的民间文化土壤,被专家称为是"保留、传承中华民族古老文化最集中、最具有代表性的区域之一"。

1998年,安塞被国家文化部授予"全国文化先进县",又被文化部授予"中国民间艺术之乡",即"腰鼓艺术之乡""剪纸艺术之乡""民歌之乡""现代民间绘画之乡"。

安塞悠久的历史,缤纷的大地,孕育了多姿多彩的文化艺术。文化安塞,是一片迷人的土地,芬芳的土地。

◎ 艺术安塞

黄土地的魂之舞
——安塞腰鼓

安塞腰鼓享誉中外,源远流长,风格强健豪放、刚劲饱满,被誉为"中华民族之魂鼓""中华鼓王""东方神鼓""东方第一鼓"。2006 年 5 月 20 日,国务院公布的《第一批国家级非物质文化遗产名录》,安塞腰鼓名列其中。

起源、发展和流传

安塞,这块原始的、古朴的黄土地,孕育了安塞腰鼓这一闻名于世的民间艺术奇葩。安塞腰鼓艺术起源于安塞,流传在安塞。

安塞腰鼓距今已有两千多年的历史。秦始皇置天下为三十六郡,安塞乃上郡之地。秦直道南起陕西云阳林光宫(今咸阳市淳化县梁武帝村)经旬邑县,翻越子午岭,进入黄陵、富县、甘泉,过洛河、杏子河,入安塞县,再至靖边、内蒙古乌审旗,过黄河直达包头西之九原故城。为防止匈奴入侵,秦国在安塞守有重兵。这些守边将士依托险要的山寨,将腰鼓用于战场。传说中,守边士兵将腰鼓如同刀枪弓箭一样,作为战斗中必不可少的装备。每当遇到敌人突袭时,击鼓报警;当作战失利时,鸣鼓告急,请求救援;当两军对峙、对垒交锋时,击鼓以鼓舞士气;而当战斗胜利后,则击鼓以示庆贺。这是腰鼓艺术的起源。

后来,腰鼓作为一种艺术,在民间广泛地传播,并发展成为一种融舞蹈、武术、歌曲、打击乐、吹奏乐于一体的民间舞蹈艺术。

当腰鼓艺术走向民间的时候,民间深厚的文化土壤,使腰鼓艺术得到极大的发展。农耕文化融入了腰鼓艺术。腰鼓由单纯的舞蹈,到融入武术、歌曲、打击乐、吹奏乐,是其成为一种比较成熟的民间艺术的重要标志。在融入了武术、歌曲、打击乐、吹奏乐之后,腰鼓艺术兼具有多种艺术成分,其完备的表演形式,一直沿用至今。同时,腰鼓被广泛应用于民间祭祀活动和节庆活动之中。五谷丰登之年,人们打腰鼓、闹秧歌,从正月初一到正月十五,走乡串户,祝贺丰收,寄寓对美好生活的追求和欢乐情绪。而当庙会和春节之时,人们又自愿组织腰鼓表演活动,祭祀神灵,以求风调雨顺、国泰民安。千百年来不间断的民间祭祀活动和农耕文化活动,客观上为民间艺术的传承和发展,提供了广阔的空间。

1989 年,在安塞县招安乡出土了宋代画像砖《安塞腰鼓》。画像砖真实地表现了宋代陕北地区的腰鼓表演活动,对研究安塞腰鼓的发展,提供了准确的文物资料。同时也说明,安塞腰鼓艺术在宋代已经成为非常普遍的艺术形式之一和民间文

化表演活动。

　　1942 年，毛主席《在延安文艺座谈会上的讲话》发表之后，延安和陕甘宁边区兴起新秧歌运动。革命文艺的发展，给安塞腰鼓这一古老艺术形式注入了蓬勃的生机。当时鲁艺的文艺工作者对安塞腰鼓的服饰进行改造，结束了古代武士风格，"白羊肚手巾红腰带"成为腰鼓表演者的服装特征，一直沿用至今。另外，安塞腰鼓的表演形式、艺术性等方面都有深刻变化。边区的军民打起腰鼓，闹起了秧歌，使腰鼓艺术在活跃边区军民生活、鼓舞革命士气方面发挥了重要的作用。随着革命的节节胜利，安塞腰鼓打遍了大江南北，成为人们欢庆革命胜利的重要艺术手段，安塞腰鼓被誉为"胜利腰鼓""欢庆腰鼓"。

　　1951 年，安塞腰鼓参加了全国音乐、舞蹈出国选拔比赛，由安塞冯家营村民间艺人艾秀山等同志，向中国青年文工团传授的腰鼓表演，参加了同年在布达佩斯举办的世界青年与学生联欢节文艺演出，获特等奖。这是安塞腰鼓首次走出国门，并获得了大奖。

　　近年来，安塞先后举办了三届腰鼓大赛，培养了一大批腰鼓艺术表演人才，使腰鼓艺术在继承传统的基础上，强调突出表演者的精神面貌，注重体现人物内心世界，体现时代气息。2009 年 10 月 1 日，安塞"千人腰鼓"在北京天安门广场参加了庆祝中华人民共和国成立 60 周年群众游行表演，以宏大的场面展示了安塞腰鼓的恢

2009 年 10 月 1 日,安塞"千人腰鼓"参加国庆 60 周年群众游行表演

弘气势。

安塞腰鼓艺术已经成为全国各地人民深受喜爱的一种艺术形式,同时也深受国外人民的喜爱。只有民间的艺术,才是民族的艺术,才能体现民族精神的灵魂。

风格、表演形式及传承

经过两千多年的流传演变,安塞腰鼓已经成为一种最具有原生态风格的艺术。

安塞腰鼓的风格有文鼓、武鼓之分。文鼓的表演轻松愉快、活泼圆滑、潇洒自如、动律舒缓,具有秧歌扭跳的风格。武鼓激越豪放,欢快有力,虎虎生风,并有较大的踢打、跳跃、

旋转动作,突出表演者的腾空跳跃技巧。安塞腰鼓的风格总体上揉合了民间武术和民间舞蹈的动作,有张有弛,进退有序,群而不乱,刚劲有力。

在长期的流传过程中,安塞腰鼓形成了刚劲激昂、剽悍豪放、气势磅礴、深厚庄重、铿锵有力、威猛刚烈、流畅飘逸等艺术特点。鼓手们表演起来有能劲、狠劲、蛮劲、猛劲、虎劲,这五劲高度概括了安塞腰鼓的艺术特点。能劲是安塞腰鼓的基本特点之一。它主要指动律变化和表演者的内心世界,突出反映表演者喜悦、欢快的情绪。狠劲着重体现表演者的动感,注重节奏感。蛮劲表现了朴实无华、无拘无束的艺术风格。猛劲和虎劲则保留了古代腰鼓艺术豪放、剽悍的特点。安塞腰鼓这种大气磅礴、一泻千里、自由奔放的风格,体现出了民族精神。西方艺术家称安塞腰鼓为"东方黄土地上最美妙的迪斯科"。中国艺术家认为安塞腰鼓是"没有渗透进任何西方东西,最能体现中华民族自强不息、不屈不挠、永往直前之民族精神的民间舞蹈"。

安塞腰鼓的表演,较为自由、灵活。表演者人数可多可少,少则几人、十几人,多则几百人、上千人。由于表演人数不受任何限制,表演形式也较为灵活。一般来说,安塞腰鼓的表演形式有两种,一种是场地鼓,一种是路鼓。

场地鼓是指在舞台、广场等固定场所进行的表演活动。舞台表演人数一般在100人左右,广场表演则可达千人左右。场地表演内容丰富,形式多样,有一人单打、二人对打、多人群打等表演方式。路鼓也叫"行进鼓""过街鼓",是表演者在行进过程中的表演形式,以行为主,边行进边表演,主要用于民俗活动中,如正月在乡村逐村逐户拜年,腰鼓队排成一条长队,边行边打,颇有喜庆气氛。

场地鼓和路鼓是安塞腰鼓的两种主要表演形式。近年来,安塞腰鼓出于参加大型电影电视拍摄活动的需要，一般都将腰鼓表演者带至黄土高原的山梁上进行表演。几百名腰鼓表演者在黄土山梁上进行表演，尘土飞扬，气势宏大壮观，极具艺术效果，由此便形成了山地腰鼓。

表演动作、图案

安塞腰鼓的表演动作，主要有小缠腰、大缠腰、缠腰过裆、马步跳跃、击鼓射雁跳、侧蹬腿、前蹬腿、十字梅花、跑跳步、劳动步、走路步、十字步等。

安塞腰鼓的表演动作整体显示出流畅、欢快、自然、豪迈的特点，突出表演者的动律感和节奏感。这种独特的舞蹈艺术自由奔放，张扬着生命力和蓬勃的气息。

安塞腰鼓方阵的队形编排，有多种图案变化。这种丰富多彩的队形图案，使安塞腰鼓表演场面的艺术性极强，气息浓烈，阵容庞大。传统的腰鼓方阵编排图案有"十字梅花""双排灯""九连环""拜四方"等。这些方阵图案，充分展现了黄土地人民丰富的艺术想象力和创造力。

音乐、服装、道具

安塞腰鼓的音乐强大雄浑，主要由打击乐、吹奏乐两种组成。打击乐有大鼓、大镲、小镲各一件或多件。大鼓音质浑厚，音量强大，极富穿透力，是主要的伴奏乐器。

小镲属于辅助乐器,增强音乐效果,使伴奏更加明快和谐。吹奏乐由唢呐组成。唢呐音域宽广,曲调高亢婉转,营造出安塞腰鼓喜庆、热烈的气氛。

以前,安塞腰鼓表演者的服装,头上统一扎白羊肚手巾,穿白色对襟上衣,中式白色长裤,圆口黑布鞋。后来,安塞腰鼓表演服饰有很大变化,有黑色、黄色,但白色为传统服饰。安塞腰鼓道具有腰鼓、鼓棒、花伞、彩绸四种。腰鼓是将直径20厘米的柳木截成40厘米长,中间镂空成筒状的圆柱体,两头蒙牛皮或羊皮而制成。腰鼓用红绸带捆绑于表演者的腰间,起固定作用。鼓棒是用两根长约30厘米的细木棍,打磨光滑,系一块红绸布,用以击打腰鼓。花伞由方阵前一人执拿,用以指挥、协调整个表演方阵。彩绸用以渲染演出的喜庆气氛。

安塞腰鼓的表演者多为20岁至40岁的成年男子。后来,安塞也举办了一系列大型的腰鼓表演活动,于是,女子腰鼓、少儿腰鼓、老年腰鼓也出现了,这些都极大地拓宽了安塞腰鼓的表演形式,丰富了安塞腰鼓的表演风格。

人类文化的活化石
——安塞剪纸

安塞剪纸造型古朴、线条粗放、寓意深刻、乡土气息浓郁,淳朴、庄重、简练、概括、别具一格。2006 年,安塞剪纸被中华人民共和国国务院列入《第一批国家级非物质文化遗产名录》。

安塞剪纸艺术直接继承了汉代艺术深沉、雄厚的特点,被誉为"地上文物"和"活化石"。

流传、造型、风格

剪纸做为艺术品,伴随着劳动人民的心灵生活,反映着人民群众的喜怒哀乐。

几千年的农耕文明,使许多古老的传统习俗在民间的土地上生生不息地传承着,安塞剪纸就是中国传统民俗中最普遍、最本原、最具有文化象征的传统

习俗之一。

在安塞，心灵手巧的女孩子首先要学会剪纸。"生女子，要巧的，石榴牡丹冒铰的"，"冒"是女人自然的一种心绪流露，是随心所欲的一种艺术行为。安塞女人心灵手巧，主要体现在剪纸艺术方面。

剪纸是安塞女人最为热爱的一种技艺，她们从小和母亲学习剪纸，和村里的阿姨学习剪纸。剪纸成为女孩的一门必修课。在农村，谁如果剪纸手艺好，立刻就会引起四乡八邻的夸赞。剪纸，是安塞女人心灵生活和感情生活的重要表达方式。这些具有丰富内涵的剪纸作品，传达了她们的一种内心情绪，同时也丰富了她们的心灵世界。

剪纸艺术家李秀芳(左一)在创作

然而剪纸艺术的流传，从未留下文字性的记载，全靠民间艺人以口传心授的方式传承下来。在农村，问及那些年纪较大的乡村老太太她们是如何学会剪纸时，她们总是笑着说："跟妈妈学的！"这种独特的传承方式，实质上反映了剪纸艺术与人心灵的接近。妇女们的生存哲学、信仰以及生活习俗，通过剪纸的形式，得到准确的体现；她们的思想、情感，通过剪纸得到传达。母亲是她们心灵的导师，她们最初对艺术的理解，就是剪纸。

安塞剪纸的造型，具有丰富的文化内涵。从剪纸的文化基因来看，主要受如下三个方面的影响。

一、民风民俗的影响。安塞民风淳

剪纸艺术家侯雪昭(左一)在创作

白凤兰剪纸作品《牛耕图》

王占兰剪纸作品《倒照鹿》   高如兰剪纸作品《抓髻娃娃》

朴,人民质朴少文,长期受农耕文化的熏陶,人们对生活充满美好的追求和愿望,寄寓了一种吉祥、富贵、和谐的思想。这种民风民俗鲜明地反映在剪纸作品上,如剪纸《鸡头鱼》鸡头鱼身的造型,利用谐音发展为"吉(鸡)庆有余(鱼)",表达了人们的美好愿望。

二、宗教文化的影响。宗教艺术和民间艺术都是社会生活的反映。艺术和宗教都蕴含了感情与幻想的成分。宗教对人的影响,有时是通过艺术来体现的。安塞宗教文化,如一些宗教礼仪,对安塞剪纸造型有很大影响。在正月,人们剪一些老虎,贴在门上,用以镇宅。剪门神,贴在大门上,用以辟邪。这些都是宗教礼仪的一部分。

三、历史文化的影响。造型艺术它不是凭空想象而来的,它是一种对远古艺术的传承,同时也饱含人们对生活情趣的追求和向往。安塞剪纸造型直接继承了汉代艺术夸张变形的特点。安塞剪纸《牛耕图》与陕北东汉墓画像石上的《牛耕图》在造型上完全一致,说明剪纸艺术的造型从古代流传下来的。我们现在看到的有重要价值的剪纸作品,造型以动物为主,且风格直接继承了古代造型艺术的风格。这是由原始的狩猎生活决定的。

安塞剪纸的风格淳朴、庄重、简练、概括,视觉上令人耳目一新。安塞剪纸的这种艺术风格,主要是继承了汉代艺术深沉雄大的特点。人类的童年时代,艺术强调个性,崇尚自由,不拘一格,充满生命的张力,这在安塞剪纸作品中表现尤为突出。

长期居住在乡间的老太太,虽然不识字,但她们感情强烈,个性张扬,用一把剪刀,自由地表达她们内心对大自然的热爱之情。这种原始的艺术创作心态是来自艺术本身强大的勃发力量,突出个性,弥漫着强烈的自由奔放的艺术气息。艺术是情感的渲泄。这些乡村的妇女,自由地生活在广阔的田野,看到什么剪什么,想怎么剪就怎么剪。这种自由的艺术创作方式,使安塞剪纸在一开始就体现出震撼人心的艺术冲击力量。

剪纸的应用、种类

安塞剪纸广泛应用于农民群众的日常生活之中,成为乡土上一朵绚丽的艺术之花。安塞剪纸的广泛应用，主要是这种艺术具有美化生活的作用，对环境的装饰也极为明显，而且只用一把剪刀、一张红纸就可以操作，不需要其他道具，更不需要花费什么人力、财力，简便、经济，符合农耕时代社会生活对艺术大众化的简单需求。

安塞剪纸的应用，有以下几种：

一、用于节庆活动。安塞春节有剪纸的习俗。每年一到腊月，节日的气氛一天天浓郁起来。人们在劳累了一年之后，五谷丰收，庄稼人终于可以坐下来，轻松一段时日。他们置办了烟、酒、糖等年货，做好年茶饭，便开始收拾窑洞。那些巧婆姨俊女子们便忙活开了。她们五六个坐在热炕上，手拿剪刀在红绿纸上飞舞。不一会花鸟虫草、飞禽走兽便在她们灵巧的小手中诞生了。她们把剪下的窗花摆在炕上，互相评说。特别是那些要找对象的大女子们剪的窗花，新颖别致，玲珑小巧，造型优美，妙趣横生，让人看了格外喜悦。这些女子生长在剪纸之乡，从七八岁起便跟着村里的老婆婆学习剪纸。在安塞有个乡俗，谁家姑娘剪纸好，谁家姑娘就巧，将来就能找一个有知识有才能的好女婿。

到了腊月二十七八，家家户户开始打扫卫生，裱糊窗花。那一扇扇新糊的白格生生的窗纸上，张贴着布局匀称的窗花。炕围上，筷篓上都贴有大大小小的剪纸。陕北窑洞明亮的窗格纸，贴上火红的窗花，立刻便充满浓浓的春意。

二、用于婚俗活动。陕北人把新婚洞房叫作帐房，新娘子娶回来要坐帐，"坐帐花"就是贴在帐房顶部的一种剪纸，也叫喜花。

在安塞的婚俗活动中，"坐帐花"是必须贴的。坐帐花一般为圆形或菱形，有牡丹花、莲花、龙凤、石榴、蛇盘兔等。在洞房贴喜花，也能增强新婚的喜庆气氛，起到装饰美化洞房的作用。

三、用于宗教礼仪活动。春节，人们都有门上贴门神画的习惯，这类似于今天人们普遍在门上贴"福"字或"春"字。门神剪纸主要是为了镇宅、避邪。门神剪纸有"秦琼敬德""牛头马面""狮虎"等图案，艺术形式独特，内容多反映宗教文化，流传久远，充分反映了地域民俗风情。

四、用于绣花艺术。安塞妇女爱美，她们总是把自己对美好生活的向往，通过绣花的方式表达出来。尤其是青年妇女，最喜绣花，她们先剪出花样，再把花样贴到布上，用各种颜色的线条

绣出，便是一件精美的艺术品。常见的剪纸花样有枕花样、鞋花样、针扎样、裹肚花样等，其中鞋垫花样最多，一直沿用至今。"一绣一只船，绣在江河岸，把二位艄公，绣在船上站。二绣杨二郎，担山赶太阳，赶的太阳呀无处藏。"这是著名的安塞民歌《绣荷包》的歌词，说的就是女人绣花的故事。旧时女人多把绣花或鞋垫赠给自己的心上人，一针一线，寄托自己的爱和相思。

安塞剪纸广泛应用于劳动人民的日常生活，既有美学价值，又有实用价值，根据安塞剪纸的用途，有如下几种类型：

一、窗花。窗花就是贴在门窗上的剪纸。安塞人居住的土窑洞，依山傍水、向阳，极具特色。窗户是用木材做的有各种图案的窗格。逢年过节，人们就将窑洞打扫干净，灵巧的女人坐于炕头，手拿剪刀剪出一幅幅花花绿绿的花鸟虫草，飞禽走兽图案。这些作品一幅幅栩栩如生、稚气可爱。她们将窗花贴在明亮的窗格纸上，整个院落便生机盎然，春风拂面。窗花有转花、喜花、窗角花、小窗花等类别，均是美化窗户的剪纸。

二、墙花。墙花是贴在窑洞内部的剪纸，用以装饰室内环境。庄稼人常年居住在窑洞，十分注重窑洞美化。墙花有炕围花、坐帐花等。炕围花线条粗放，把传说故事用剪纸形式连续张贴于炕围，类似于连环画，故事性强，色彩强烈。

三、门神花。逢年过节贴于门楣上，用于镇宅、避邪的剪纸。内容有双狮、财童等。

四、喜花。多用于婚俗活动。在结婚时，给新娘的嫁妆箱子或枕头贴上剪纸，增添喜庆、吉祥的色彩。内容有喜鹊与梅花，意为"喜上眉梢"。

五、底花样。用以绣花的剪纸底样。有枕头花样、鞋花样、针扎花样等。

土地的诗意表达
——安塞民间绘画

安塞民间绘画构思奇特，造型夸张，色彩浓烈，意境欢快，具有强烈的视角效果和个性色彩，被誉为"东方毕加索之作"。2007 年 5 月，安塞民间绘画被列入《陕西省第一批非物质文化遗产名录》。

绘画的发展和演变

安塞民间绘画的形成，首先是来自于民间的箱柜画。箱柜画是什么意思呢？箱

白凤兰绘画作品《六畜兴旺》

和柜是陕北民间庄户人家放生活用品的主要工具。箱子一般置放在窑洞土炕后面的土台子上,柜子则置放在窑洞的墙角。旧时,不管家境贫富,只要女儿结婚,父母总是做两个崭新的箱子,做为陪嫁的主要礼品。箱子和柜子做好后,为了美观,请当地的民间画工将箱子和柜子涂成红色,画一些牡丹、喜鹊、梅花等富有喜庆色彩的图案,这就是箱柜画。

箱柜画的表现题材有花鸟、山水等,但意境比较单一,内容不够丰富,不能满足农民群众的观赏需求。同时,民间绘画也有了一种新的形式,寺庙壁画。

佛教和道教在唐以前就传入陕北地区。2007 年 8 月在安塞县真武洞滴水沟挖掘了北魏时期的石窟,石窟中以佛教内容为题材的古代石刻造像保存完好。这说明佛教很早就传入陕北地区。佛教在传入陕北地区之后,当地人民群众在新修的寺庙画一些佛教内容的壁画,这就给民间绘画的形成和发展以重大的影响。

寺庙壁画和箱柜画是早期的民间绘画。也就是说,最早的安塞民间绘画,是以寺庙壁画和箱柜画的形式流传的。以北宋石窟艺术为代表的宋代文化高潮,使安塞民间绘画的色彩运用发生了重大变化,受宋代石窟艺术(壁画)的影响,安塞民间绘画逐渐形成了比较强烈的视角效果。这就是安塞民间绘画艺术风格的渊源。

安塞民间绘画在以寺庙壁画和箱柜画为主要形式的流传过程中,其创作主体一直是男性。20 世纪 60 年代,一大批精于剪纸的乡村妇女创作的民间绘画引起人们的重视,于是,民间绘画的创作主体发生了演变。民间绘画以一个独特的画派呈现在人们眼前。

构图特点和艺术风格

安塞民间绘画的构图,具有鲜明的剪纸特点, 也就是说安塞民间绘画是剪纸型的绘画艺术。

善于剪纸的安塞妇女,在创作绘画的时候, 其构图观念具有明显的剪纸痕迹, 有的乡村妇女甚至先用剪刀剪个大致轮廓,再涂上颜色,这样一幅奇美的绘画作品就产生了。

曹佃祥绘画作品《大公鸡》

26

　　安塞民间绘画的构图,主要受安塞民风民俗、宗教文化、历史文化的影响。纯朴的民风,浓郁的具有深厚黄土地域文化特色的民间习俗,饱含对生活理想化追求的宗教礼仪文化,都深刻地反映在民间绘画创作上,并对绘画创作的构图和艺术表现产生了重大影响。同时,安塞民间绘画的构图具有鲜明的剪纸造型特点。安塞剪纸造型直接继承了汉代艺术夸张变形的特点,反映在绘画方面,其构图十分夸张,例如老虎的眼睛就画得特别大。这显然是继承了古代造型艺术的特点。

　　安塞民间绘画深深根植于中华民族传统文化的沃土之中,具有民间绘画的形态,又具有强烈的视角效果。有关专家认为,安塞民间绘画距离西方艺术最遥远,但又最相似,像从不同角度登山,最后在峰巅会合。安塞民间绘画在艺术上把生活美和理想美结合起来,把爱与恨、苦与乐、真与善,甚至是意念中一些奇特的想象也大胆地给予表现,具有鲜明的艺术风格。

　　安塞民间绘画的艺术风格有如下几点:

　　一、意境欢快。生活在黄土地上的乡村妇女,虽然生活艰苦,但她们性格开朗,向往和追求美好的生活。她们把自己对生活的热爱之情融入绘画作品,便形成明朗、欢快的风格。

　　二、色彩浓烈。安塞民间绘画的色彩继承了箱柜画和壁画的特点,非常强烈。乡村妇女们常年居住在陕北窑洞里,窑洞内部装饰简单,她们便用色彩强烈的民间绘画美化窑洞,以营造浓烈的喜庆氛围。

　　三、构思奇特。安塞民间绘画构思以情为上,以意为重,以神为美,浪漫、简练、夸张、抽象,思维空间非常开阔,充满丰富的艺术想象力,注重表达作者的内心感受,不拘章法,自由洒脱。

　　四、生活气息浓郁。安塞民间绘画描述了普通劳动人民的生产劳动和日常生活场景,春播、秋收、迎亲等,生活气息浓郁,具有鲜明的地域色彩,展现了浓郁的民风民俗。

传承与发展

　　安塞民间绘画新奇的构图,大胆的艺术想象力,欢快清新的格调,使其具有极高的艺术境界。在色彩的运用方面,非常强烈明快,将刺绣、寺庙壁画中各种色彩大胆地引进来,既有写意的挥洒,又有写实的瑰丽,色彩明丽,视觉上令人耳目一新。

　　安塞民间绘画在中国现代民间绘画艺术中的地位是非常突出的,可以这样说,由于安塞民间绘画的特殊贡献,现代民间绘画艺术的发展达到了应有的高度,并且取得了极大的成就。

高金爱绘画作品《多喜》

从 20 世纪 80 年代以来的历届现代民间绘画大展中,我们可以看到安塞民间绘画几乎获得了全部重要的奖项。1988 年 9 月,文化部、农业部、中国美术家协会举办首届全国农民书画大奖赛,薛玉芹的作品《牛头》获一等奖,高金爱的作品《伏虎》获二等奖,白凤兰的作品《毛野人》、曹佃祥的作品《十二生肖》、张芝兰的作品《毛猴抽烟》获三等奖。1992 年 10 月,中国第二届民族文化博览会上,李福爱的作品《春播》、常振芳的作品《牛群》获一等奖,马国玉的作品《乡情》、张凤兰的作品《养蚕》获二等奖。2008 年 5 月,第二届中国农民画大展中,薛玉芹的作品《卧虎山上迎亲队》、侯雪昭的作品《赶驴》、余泽玲的作品《碾场》获一等奖;李福爱的作品《拉活》、孙佃珍的作品《谷场》、张虎莲的作品《安塞腰鼓》获二等奖。2010 年 9 月,中国文联、中国美术家协会举办"农民画时代,时代画农民——全国农民绘画作品展",安塞共有 17 幅作品入选,其中李福爱创作的《过大年》、孙佃珍创作的《社会主义新农村》获奖。在不断的传承过程中,我们看到一批新的民间绘画作者正在成长起来。

常振芳绘画作品《山头上》

张凤兰绘画作品《养蚕》

张芝兰绘画作品《毛猴抽烟》

情感与心灵的吟唱
——安塞民歌

民歌大王　贺玉堂

安塞民歌风姿绰约、芬芳迷人，千百年来，摇曳在陕北黄土高原的山峁沟壑之间。安塞民歌成为具有重要历史和文化价值的非物质文化遗产，是安塞民间艺术的代表形式之一。

31

民歌的流传和发展

　　民歌的流传,最直接的形式是传唱。千百年来,居住在陕北黄土地的人民,他们性格质朴,心灵纯静,遇到高兴的事便引吭高歌,那歌声响遏行云,一泻千里;遇到伤心的事,也是唱歌,情真意切,如泣如诉。唱歌成为人们精神生活中必不可少的内容。民歌,贴近生活本身,直接反映了人们内心世界的情感追求,是人们内心世界最直接的流露。民歌最能引起人情感的共鸣,这是民歌流传的重要原因之一。

民歌手　王二妮

　　"山曲儿好像没梁子斗,甚会儿想唱甚会儿有。"

　　这两句民歌就解释了民歌流传的原因。在旧时,人们的精神生活比较单调。于是,民歌便成为人们抒发内心情感的形式。民歌是劳动人民的口头文学。人民离不开民歌,民歌更是人民心灵的家园。民歌伴随着劳动人民的生活,反映着这块土地上人民生活的幸福、哀愁、追求和失落。安塞民歌是陕北大地上流传形式最普遍、流传范围最广泛、最能直接反映人们情感世界的一种民间艺术形式。

　　根据现存民歌的内容,如一些酒曲,可以准确地推断民歌在明朝初期就已经广泛流传。当然还有一些更为古老的酒曲,只是有一些篇目,散见于各地方志。明崇祯年间,陕北大旱,赤地千里,陕北人高迎祥、李自成揭竿而起,农民起义由此

民歌手　王建宁

爆发。当时就产生了一些民歌，反映了当时人民生活的疾苦。民国时期，民歌以其鲜明的风格特征引起人们的重视。现在看到的小调，大多产生于这一时期。二十世纪三四十年代，风起云涌的中国革命，在陕北大地上掀起了巨大的波澜，这个时期，陕北

民歌手 韩 军

大地上出现了一批具有鲜明时代特征的陕北民歌，有的后来成为经典歌曲，如《东方红》《南泥湾》等，这些优美的民歌，一段时期内成为时代强音。

推动民歌从内容到形式产生重大变化的，是在二十世纪四十年代。毛主席《在延安文艺座谈会上的讲话》发表之后，当时鲁艺的一大批革命文艺工作者深入民间，采集、发掘并整理了许多优秀的陕北民歌歌曲。受信天游独特艺术风格的影响，李季创作了长诗《王贵与李香香》，使信天游成为诗歌的一种固定表现形式。边区风起云涌的民主革命，赋予信天游许多新的内容，使信天游这种深受人民喜爱的民歌形式，在反应革命斗争生活、鼓舞士气、传播革命思想方面发挥了重要作用。革命斗争使信天游这一古老的民歌艺术形式展露了娇艳的新姿。《毛主席来了盼晴了天》《当红军的哥哥回来了》《南泥湾》等等，均产生于这一时期，这个阶段应该说是民歌的黄金岁月。民歌在这一时期得到了较大的发展和普及。

1982年，根据文化部、中国音乐家协会的指示，当时延安地区以及延安各县区的文艺工作者，深入各乡村进行了细致的搜查、普查，抢救记录了一批极其珍贵的民歌曲谱。根据现在掌握的资料来看，陕北民歌达8000余首。仅安塞而言，1985年编印的油印本《安塞民歌》收入民歌达320首。

民歌的种类和艺术风格

安塞民歌种类繁多，人们习惯分类为劳动号子、信天游、小调、酒曲、宗教曲和歌舞曲六种，以信天游和小调为主要流传形式。

信天游是安塞民歌的主要形式，是山野之歌，也叫山歌。它优美、抒情、自由、热

民歌手　刘春风

烈……是整个安塞民歌中最艳丽、最芬芳、最迷人的一束野花。

在韵律上,信天游上下句押韵,段与段之间不押韵;在形式上,信天游也很简单,上下句结构,每两句一段,每段可看作"散曲"。信天游篇幅不一。最长几十段,短则一两段。信天游每句的字数也不限于五言、七言,可长可短,上下句不要求统一,长可达十余字,短句可为六七字。

信天游风姿翩然、独具特色,自由、抒情是它最大的特点。

首先是自由。信天游是即兴创作的产物,一旦兴之所至,内心有所感受,或喜或悲,便引吭高歌,自由吟唱。语言质朴、流畅,有几句唱几句,能唱几句便唱几句,没有任何形式上的限制,像一朵云,可以随意地、散漫地飘游。在吟唱过程中,可以随意补充衬字、衬词和衬句,这样可使旋律一咏三叹,富于动感。

其次是抒情。信天游是即兴之作,是主人公在思念情人时内心世界的直接流露,因此具有强烈的抒情风格。在旧社会,人性普遍受到压抑,青年男女对爱情的美好追求、向往遭到扼杀,于是,那种强烈的离愁、别恨,一兴一叹,一扬一波,如泣如诉、催人泪下。由于形式上的自由、随意,在倾诉内心感情时,主人公完全不受任何约束,唱起来如行云流水,肆意挥洒,淋漓尽致,情真意切。

由于形式上的自由以及强烈的抒情风格,信天游便成为陕北高原上广泛流行的一种民歌,成为高原人民必不可少的精神食粮。不论是赶着牲灵走在西口路上的

民歌手　刘　妍　　　　　　　　　　民歌手　刘　军

脚夫,还是半夜里闪耀着幽暗灯花的骡马店里,或是旷野里背着炎炎烈日辛勤劳作的田夫、牧羊人,更或是坐在土窑院的柳树下做针线活的村妇,每有兴致,或忧伤,或喜悦,一嗓子喊起来,那忧郁的、动人的、饱含情感色彩的歌声便在高原的山坡沟谷间飘荡开来,经年经月,传唱不息。它记载了高原人的喜怒哀乐,是高原人民在漫长的岁月里培育出的一种独特的、自己所喜闻乐见的、具有浓郁地域特色和生活气息的艺术品种。

"想你想你真想你,三天没吃半碗米",多么深切的思念和牵挂。心上人要出门了,女主人公把自己的心上人一直送过高高的山梁,回家后她朝思暮想,便唱歌以倾诉自己的情思。多么真切,多么纯真的情感,海誓山盟的语言一经这些朴素的人们唱出,便别具一种魅力,听来千回百转。痴情的陕北女子的形象宛如眼前。

哥哥你走来妹妹照,
眼泪儿滴在大门道。

芦花公鸡飞过墙,
我把我的哥哥照过梁。

山又高来水又长,
照不见哥哥照山梁。

日落西山羊进圈,
妹妹我还在硷畔上站。

35

　　前山的糜子后山的谷，
　　那达儿想起你就那达儿哭。

　　你走的那天刮了一阵风，
　　响雷打闪我不放心。

　　小调又称"山曲"，"酸曲"或"小曲"，是"里巷之曲"。小调，是流传面较广的一种民歌形式。它题材多样，内容广泛，有自然场景，有人物的音容笑貌，有情节的跌宕起伏，且有大量的细节描写。

　　小调的篇幅比信天游宏大，在表现手法上也显示出极大的灵活自由性，或长或短，或对话或独白，或叙述或描写，反映的社会生活面也较为广阔。在这幅大型的、多视角的展现高原人生命状态的社会生活画卷中，所刻画的人物形象十分丰富。映现在人们眼前的是一段不断流动、不断变化的历史，生活万象和芸芸众生的情状，尽收眼底。小调也比较全面地反映了陕北高原、各阶层社会生活的众生相。

　　小调较多地展现了一些平凡的日常生活场景，如观灯、挖苦菜、看戏、绣花、算卦、卖菜、拜年、放风筝、卖洋烟、会情人、割麦等。正是这些一朵一朵从生活中采撷的浪花，汇成了一条条五光十色的、反映陕北劳动人民社会生活的广阔河流。是这些一束束朴素的小花，组合成了民歌绚丽多姿的花丛。

小调的歌词多为分段形式。每段句式不等,有四句、六句为一段,也有三句、五句为一段。每句字数不等,有五言、七言等,但五六言居多,多为短句子。

劳动号子,是集体劳动时所唱的歌曲。这些歌曲自由、高昂、辽阔,是人们在集体劳动的过程中为协调一致的动作,凝聚力量,渲染气氛而演唱的。因集体劳动,其场面壮观、宏阔,加之劳动号子激昂的旋律,给人以排山倒海的气势。

陕北集体劳动的场景,可以追溯至秦汉时期。秦始皇横扫六合之后,置天下为三十六郡,陕北乃上郡之地。为巩固边防,秦朝动用大量民力修筑了秦直道。在此集体劳动的场合,只喊"一二三"未免太单调,人们便用唱歌的方式协调动作,于是便有了劳动号子。

新中国成立之初,广大人民群众以前所未有的热情投身于改造山河的壮丽事业中。在水库、铁路、油矿、公路等建设工地上,到处都是火热的劳动场景。劳动号子此起彼伏,响彻云霄。我们现在看到的劳动号子,大都是那一时期的作品。那可谓是劳动号子创作与演唱的黄金时代。

劳动号子的产生,伴随着人类的整个劳动过程。"今夫举大木者,前呼邪许,后亦应之,此举重劝力之歌也。"这是《淮南子·地形训》中关于劳动号子的最早记录。因此说,劳动号子也称"劝力之歌"。

酒曲,就是在喝酒的过程中演唱的民歌小曲。

陕北人质朴、勇敢、行侠好义、肝胆相照。他们说话嗓音宏亮,如雷震耳;爱憎分明,不屈暴力;性情豪爽,不遮不掩。正是此种性格,使他们非常喜好喝酒而且酒量惊人,一碗下肚,再举一碗,三碗五碗不言醉,痛快淋漓,一饮而尽。

陕北人喝烧酒,气氛热烈、红火,洋溢在人们脸上的,是一种独有的色彩。先前,

民歌手 贺 东

民歌手 野强强

人们喝酒,大多自家酿造。自家酿造的酒,酒力强而烈,只需划一根火柴,一满壶酒就会烧个精光,但味道醇厚,余味不绝。

酒场上比较具有文化色彩的是劝酒。劝酒的方式很多,但最有效的,当是唱酒曲。主人斟起满满的一碗烧酒,站立在客人面前,什么话也不说,一开口便是唱。这时唱的一般是《祝酒歌》,意思是客人远道而来,我特意敬你一碗烧酒,类似于我们今天的致酒辞,客人听完,难以推辞,便接住一饮而尽了。酒味浓烈,歌声悠长,酒与歌产生的那种热烈的气氛,体现了高原人民最为本真、最为纯朴的生命状态。

我们现在看到的好多酒曲,都是以前流传下来的。除了传统的酒曲之外,还有一些酒曲是饮酒者即兴编唱的。酒曲语言生动、欢快,趣味性较强,如一缕篝火,点燃了高原人寂寞的生命旅途。

宗教歌曲是陕北人在宗教活动过程中所演唱的民歌。数量非常少,流传空间也很小,现在看到的只有《跳神歌》与《扣娃娃》《祈雨歌》寥寥几首。据说此类歌曲是在佛教传入陕北之后,人们根据佛僧诵经的形式并结合当地民歌的韵律而创作的一些带有浓郁迷信色彩的歌曲。

安塞民歌中流传下来的宗教歌曲只有《祈雨歌》一首。《祈雨歌》描绘了山民们在干旱季节抬着神楼,头上戴着柳树枝叶,行走在山梁上祈求上天降雨的情景。"杨柳梢,水上漂,清风细雨洒青苗",诗一样的语言,饱含着农民对五谷青苗的一片深情。

歌舞曲有秧歌曲、船曲两种。这类民歌主要在正月的民俗文化活动中演唱。

正月十五是传统的元宵节、灯节。在陕北,刚过完新年的农家特别注重此节日。在这里,人们普遍进行的活动是挂灯笼、点火、转九曲、闹秧歌、拜年沿门子。在此类民俗活动中,人们通常要演唱大型的民歌用以渲染气氛,这就是歌舞曲。

秧歌曲和船曲句式很简短,多为四句一段。词曲通俗易懂,多表达富贵、吉祥、喜庆之意。

民歌的艺术特点

民歌在艺术表现上,继承了《诗经》《汉魏乐府》以来许多优秀民歌的表现手法,并根据地域化特征大胆创新。概括起来,民歌的艺术风格有如下几点:

一、旋律动荡、优美。民歌在吟唱过程中,可以随意补充衬字、衬词和衬句,这样可以使旋律不断文化起伏,产生一种动荡感。

38

二、形式自由、灵活。民歌尤其是信天游，在演唱过程中，有几句唱几句，能唱几句便唱几句，没有任何形式上的限制，像一朵云，在高原的沟谷间自由地、散漫地飘游。形式上的自由能够充分表达主人公内心的情感世界，使主人公的感情达到自然释放。

三、语言质朴、生动。民歌是劳动人民的心声，是普通劳动人民对自身生命际遇的表达。他们唱的是自身生命的体验，没有任何文人加工的痕迹，因此语言极其质朴、生动。艺术手法夸张，表现形式大胆、自由、不拘一格。铺陈、对比、夸

民歌手 薛梦

张、比兴、白描等手法交错运用，从而达到了较高的艺术境界。

四、强烈的抒情风格。民歌让人听起来牵肠挂肚，心潮起伏，这主要是民歌的感情浓烈、自由、奔放，表达了主人公的炽热情感。

五、意境悠远。民歌的意境非常悠远，给人以天高地阔的感觉。听安塞民歌，使人总是陶醉在一种朦胧的、悠远的似曾相识却又被一层浪漫气息笼罩的深远氛围。如"山又高来路又远，照不见情人照山现"这句，意境非常开阔、浪漫。情人走上了山梁，痴情的女人还在山崖上遥望，凝目相送，一幅高原远行图跃然纸上。

民歌的主要内容

从陕北民歌的题材、内容来看，大体内容有如下几种：

一、长工歌。这类歌曲音调凄婉，多反映旧社会男主人给地主揽工的艰难生活历程。歌曲用较多的篇幅，反映了旧社会陕北下层劳动人民的艰难与痛苦，对于揽工人的情感、愿望有较为现实的表现。

二、诉苦歌。这类歌有《走西口》《卖娃娃》等，可以说是一字一泪，字字垂泪，句

句滴血,如泣如诉。这些歌表面看来都是反映生活中很微小的一些场景,由于融入了主人公的情感世界,由于反映的社会背景十分广阔,折射了好大一部分人的心路历程,因而扣人心扉。

三、革命小曲。《三十里铺》《横山里下来些游击队》《打土豪》《打艾团长》等,这些民歌有战斗性和纪实性的特点。波澜壮阔的中国革命,极大地增强了小曲题材领域的丰富性,在革命如火如荼的年代,小曲作为人们所喜爱的一种民歌形式,在传播革命思想方面,发挥了较大的作用。这些小曲描述了革命斗争的一些真实事件,体现了人民对于平等、自由社会的强烈追求。那旺盛的斗志、雄壮的气势、高昂的情绪,使小曲具有一种昂扬情调感,给人一种强大的精神力量。

四、情歌。爱情历来是民歌的主题,也是人类社会生活的主题。《诗经》以至《汉魏乐府》,有十之八九的篇目,是反映爱情、婚姻生活的。陕北民歌有大量表现人们爱情生活的篇目。民歌是一种即兴而发的口头文学,作者都是一些不知名的平民百姓,原没有任何功利目的在心中,因而这些情歌,比较真实地表现了他们内心的喜怒哀乐,是一种感情的真实流露。由于作品的真诚,也就是说因为民歌所反映爱情生活的纯朴,我们也看到了过去那个时代人们的真实生活状态。

班固《汉书·艺文志》说:"自孝武立乐府而采歌谣,于是有赵、代之讴,秦、楚之风,皆感于哀乐,缘事而发,亦可以观风俗,知厚薄云。"民歌,确是人们情感、生活和民风民俗的记录。

大型民歌史诗《庄稼人》

岁月与人生的咏叹
——陕北说书

陕北说书是一种流传于陕北民间的说唱艺术。陕北说书历史悠久,源远流长。作为一种非物质文化遗产,它靠民间一代又一代的说书艺人口传心授,流传至今。千百年来,陕北说书作为陕北人民非常喜爱的一种艺术形式,伴随着陕北人民的劳动生活历史,借助民间肥沃的土壤,在民间流传。

陕北人久居窑洞。农人们在劳作之余,常常聚于窑洞前的大柳树下,说一段"古朝",即讲讲前朝古代的历史演义,从而应付单调的生活。如果是下雨天,或者是庙会之类的日子,村人便请说书人来,连续好几天,什么活也不干,专听说书艺人说书,这往往是村人们最悠闲、最充满乐趣的时候。说书人绘声绘色,听众聚精会神,陶醉于说书艺术的悠远意境之中。

陕北说书的起源,老艺人们说:"说书是天皇、地皇、人皇三兄弟治世时留下来的,说书人用的三弦琴上的三根弦,就是他们三兄弟的化身。"这是远古传说,但能够看出说书艺术的久远。《中国曲艺志·陕西卷》记载,说书一词,最早见于《墨子耕注》,"能谈辩者,谈辩,能说书者说书",又记载,说书比唱戏几乎要早五百年。关于陕北说书一词,《辞海》上的定义是"曲艺的一种。流行于陕西北部。一人坐着演唱。有说有唱。演唱者手扶三弦或琵琶,左膝系檀板按节拍。曲调大都为当地民间小调"。甘泉出土的汉代画像砖《说书图》,说明陕北说书艺术在汉代已十分盛行。

延安时期,毛主席发表《在延安文艺座谈会上的讲话》之后,以韩起祥为代表的陕北说书艺术家来到延安,深入生活,编创了一批新书,宣传党的政策,成为三弦战士。结合新秧歌运动,韩起祥把陕北说书首次推上了舞台。在韩起祥的培养下,延安涌现出了张俊功、解民生等一批很有影响的说书艺术家。

陕北说书所表现的内容十分丰富,王侯将相,才子佳人,普通百姓,劳动爱情,历史故事,天文地理,民间传说等等,都有所表现,但就主要表现内容,可分为文书、武书、文武相杂书三种。

文书一般表现的是公子落难、佳人怀春、豪门中落的委婉故事。有故事性强、煽情性强、头绪繁多、篇幅浩大的特点,长于寓情于理。

武书多表现英雄救美、好汉除奸、忠臣报国和一些根据武侠类小说改编的书目。武书具有鲜明而又类型化的人物性格,夸张而又热烈的气氛营造。艺术气氛热烈火爆、大喜大悲。

文武相杂书在民间也叫半文半武书,是文武两者的结合。此种类型兼采文武书的长处,张弛有致,既具有文书的故事情调,又有武书的火爆,是陕北说书的主要形式。

陕北说书从艺术表现上,一般有书帽、小段和长篇说书三部分。

书帽,也称引言,就是说书艺人在说书之前的一段开场。篇幅多为八句或十六

国家级非物质文化遗产项目代表性传承人解民生在表演说书

句,内容多为劝世或概说历史。书帽曲目很多,有《八百里秦川古长安》《弟兄有事同商量》《天上云多月不明》《酒色财气》《十不亲》等。如《春天桃花隔岸红》:

> 春天桃花隔岸红
> 夏日荷叶满池中
> 秋菊丹桂香千里
> 冬雪寒梅伴老松
>
> 家有黄金用斗量
> 不如养儿送学堂
> 黄金有价书无价
> 书比黄金万分强

小段是在说正书之前的一段插曲,幽默风趣,语言生动。流传比较广泛的小段有《大脚娘》《懒大嫂》《罗成算命》《王祥卧冰》《小两口抬水》《古城会》《九子图》《刮大风》等。

正书，也称正本，是说书的主要部分。书帽和小段说完之后，说书艺人便会清清嗓子，喝杯水，正式开始。正书的篇幅较长，场面宏大，情节曲折，一波三折，引人入胜，具有较强的艺术感染力。正书也犹如一部长篇小说，有人物活动场景描写，有故事情节发展叙述，也有人物矛盾心理刻画。较著名的正书篇目有《斩单童》《王三卖马》《五女兴唐传》《红鞋女妖精》《花柳记》《玉环记》等。此外，还有一些中篇说书，如《白绫记》《观灯记》《珍珠大汗衫》《蓝桥会》《王婆骂鸡》等。陕北说书作品非常丰富，计有百余部作品。

陕北说书的传统乐器主要有三弦，琵琶作为说书的伴奏乐器。传统说唱方式为一人，怀抱三弦，腿扎竹板，一边说唱，一边弹奏三弦。著名说书艺术家张俊功对陕北说书艺术进行了重大的革新，使当代陕北说书伴奏乐器有了极大演变，除三弦、琵琶外，还有二胡、板胡、笛子、扬琴、锣鼓等。说唱形式也有了较大变化，由传统一人演变为多人，有男有女，极大地增强了艺术感染力，烘托了强烈的艺术气氛。

陕北说书作为由说书艺人自编自演自唱，千百年来流传于陕北大地上农民喜闻乐见的一种非物质文化遗产，它具有鲜明的艺术特征。主要有如下几个方面：

语言丰富。陕北说书作为一种说唱艺术，"说"占有很大成分，百姓俗语、街头巷

语、方言土语说天道地,说古论今,通俗易懂,幽默风趣,因此具有丰富性特征。

　　表演形式独特。陕北说书既不是单一的道白,又不是独立的演唱,而是说与唱相结合的艺术。加之在说唱过程中,有多种民族乐器伴奏,是一种比较独特的民间艺术。

　　艺术内容唯一。陕北说书,无论是远古神话、历史传奇,还是爱情故事,从内容上看,都具有浓烈的理想主义色彩。陕北说书中没有悲剧,这在艺术类中是很少见的、唯一的。说书内容主要反映善恶有报、劝世等,因此陕北说书具有唯一性特征。

　　陕北说书在中国文艺史上具有"活化石"地位,是民族古老文化的重要组成部分。陕北说书的文本中保存着鲜明的远古痕迹。尤其是一系列远古神话传说,上溯开天辟地之初,反应的东西远远早于三皇五帝,可以说是流传于民间的人类早期口头文学。

　　陕北说书由农民自编自唱,语言幽默风趣,生动活泼,通俗易懂,具有鲜明的群众文化特色。同时,在表现手法方面,重人物刻画,轻情节叙述,唱腔旋律一咏三叹,反复吟咏,具有较强的艺术表现力。

杨柳梢水上飘
——祈　雨

　　居住在高原上的人民,千百年来,其生产和生活,紧紧依靠土地。人们日出而作,日落而息,一年辛勤耕作,只能维持生活。由于积年的雨水冲刷,土地已很贫瘠,偶遇旱年,农民流离失所,境遇悲惨。历史上几次大的农民起义,首先是因为干旱,颗粒无收,农民走投无路,于是揭竿而起。因此说,雨对于陕北人民来说,就是生命。有雨,庄稼丰收,人民便能过上幸福、安逸的日子;天气干旱,无雨,人民便要遭受灾荒,难以生存下去。

　　漫步于陕北的山野,我们可以看到在陡立的山梁上,往往有村庙耸立, 或瓦石相结,或几间土屋。这些村庙大都是龙王庙,这也从另一个方面说明,陕北人民对于雨水的依赖和期盼程度。

　　盛夏季节,五谷禾苗正在拔节似的疯长。田野里的谷子、糜子、玉米、大豆等农作物,只要雨水丰沛,一天一个样。绿色的、宽大的庄稼叶子,在风中轻轻地摆动,大地闪动着绿色的波浪。

　　秋天,庄稼成熟,田野里一片金黄。打谷场上,高高的谷垛,黄灿灿地发亮。农民的脸上流淌着汗珠,流淌着幸福。

　　"一朵莲花一朵云,我愿菩萨早铺云",传达了农民对雨水的无限深情。

　　祈雨,也称"求雨",是陕北地区流传较广的一种民俗文化活动。

　　关于祈雨的历史渊源,好多历史神话故事可以说明其悠久的历史。《搜神记》卷十一《琼辅》云:"时夏枯旱,太守自暴中庭,而雨不降,出祷山川自誓曰……乃集薪柴,将自焚焉。至日中时,山气转黑起,雷雨大作。"此记载中,对天起誓,卧薪欲焚之举,就是一种祈雨的活动。

　　我国古典神话故事《哪吒闹海》及《西游记》里都有龙王行雨的描写。其中,《西游记》第四十五回就描述登坛求雨的情形:"台左右插二十八宿旗号,顶上放一张桌子,桌上有一个香炉,炉中香烟霭霭。那大仙过去,更不谦逊,直上高台立定。旁边有个小道士,拿过一个执符的象生,一道文书,亦点火焚之。那上面'乒'的一声金牌响，只见那半空中悠悠的风色飘来。又烧香、烧符、念咒、打令牌，四海龙王于是一起拥至。"

文学是社会生活的反映。上述两段描述可以看出，祈雨活动很早就在民间盛行。古代神话传说认为，自然界的风、雨、雷、电、云、雪，分别由风师、雨师、电母等诸神掌管。雨水是由龙王神来掌管的，祈雨就是通过一种民俗仪式，请求龙王神降雨，从而达到风调雨顺，庄稼丰收。

求雨一般在农历五月或六月进行。这是庄稼最需要雨水的时候。每遇干旱年，人们就在龙王神前卜卦求雨。如果卦中显示出"不日将雨"之象，人们就要以牲品祭供龙神，感谢他们的赏赐。如果卦中显示出还需抬神楼方能降雨时，就要举行抬神楼的祭祀仪礼。

抬神楼祈雨很复杂，有的村里备有神楼，没有神楼的将一个四脚长腿的方凳倒过来，用布围裹起来，再以柳梢遍插在上下左右，里面供上龙王神的牌位，一个祈雨神楼就妆扮好了。

抬神楼祈雨之始，由会长带领乡邻民众来到龙王庙里打卦抽签，龙王神给出的卦象是有雨可求时，才能抬神楼。因龙王神小，下雨大事由不得他，只有在玉皇大帝下了敕令之后，龙王方能行雨。所以在向龙王神求得雨卦后，必须抬着神楼到玉皇庙中去向玉皇大帝祈祷，念一段祈祷词。

祈祷完毕之后，再打卦于神前，若卦中显示出求雨于山川时，人们便抬着神楼，奔跑于山川之间，虽有荆刺丛生，穿梭其间，不觉刺痛。取水之法是，有一人手持净瓶与杨柳条随楼奔跑，至水源时，前面两人跪拜于井台，水溪之前，持瓶人将瓶压入水中，灌满后，立即取出，用一块红布包着面团的塞子将瓶紧紧塞好，不能漏掉。盛神水后，抱瓶奔跑而回，于村中奔走报喜。

祈雨时由专人领唱祈雨词，如泣如诉，声音悲壮虔诚。通常唱的是："杨柳梢，水上飘，清风细雨洒青苗"，意为祈求龙王施雨，让五谷田苗茁壮成长。

祈雨是陕北地区在长期的农业生产过程中所形成的一种具有鲜明特色的民俗文化活动，是安塞这块

祈 雨

土地上流传久远的民间文化形态,具有鲜明的艺术特征和文化特征,具有浓郁的农耕文化色彩。

从表现形式来看,祈雨既有民俗的特征,又具有神话的内容。如抬神楼、取圣水等,反映了劳动人民为了庄稼丰收,乞求龙王降雨,具有丰富的地域文化色彩。这是典型的农事文化活动,是与农业文明相生相伴的一种民俗文化。

祈雨活动既是一种民俗活动,又具有神话故事的内容,尤其是祈雨词,语言通俗易懂,融合了民间文学的特点,说与唱相结合,显示了这种民俗文化活动丰富的内涵。这种民俗文化活动与神话相结合,与民间文学相结合,体现了广大人民群众的文化情怀。

祈雨歌(之一)

一柱香,一礼拜,

弟子们诚心上庙来。

请下龙王早铺云,

早下大雨救万民。

南无大王老佛爷!

祈雨歌(之二)

一朵莲花一朵云,

我愿菩萨早铺云,

云彩铺在半空中,

稀不溜溜南风往上涌。

行着看,黑洞洞,

高空闪电雨儿淋。

龙王老爷下大雨,

早下大雨救万民。

南无大王老佛爷!

生命的行走
——转九曲

　　陕北的正月天，所展示的是高原古老纯朴的民风民俗，闪耀着黄土文化的光芒，蕴含着无尽的情趣。

　　陕北的民间歌舞活动，大都在正月。这是一场普遍的民间歌舞活动。高原上的人们沐浴在一片红彤彤的阳光之中。大红灯笼、对联、窗花将土窑洞点缀得五彩缤纷；歌声、笑声、唢呐声、锣鼓声、鞭炮声此起彼伏，一阵又一阵地在高原上飘荡；山峁沟壑、村庄院落，到处都洋溢着浓郁的喜庆气氛。一队又一队的秧歌，挥舞着红红的飘带，敲锣打鼓，从河畔走来，从山梁走来，将陕北的正月天闹腾得红火热闹，流光溢彩。

　　因地理环境的原因,居住在陕北高原上的人们,长期以来,较少经商,专事稼穑,起早贪黑,躬身田野,颇为辛苦。陕北人所种植的五谷瓜蔬,品类繁多,谷类有谷、糜、小麦、燕麦、苦荞、黄豆、黑豆、绿豆、豌豆、荞麦、玉米、高粱、蓖麻、油麻等,瓜蔬有南瓜、番瓜、冬瓜、甜瓜、红薯、西瓜、葫芦、洋芋、葱、蒜、茄子、西红柿、蔓菁、萝卜、白菜等。种植如此繁多的五谷瓜蔬,陕北人从惊蛰之日起,直至冬至,几乎无有闲暇。

　　冬至过后,田里的农事活动基本告结。这时,也临近年关了,庄稼人开始做年茶饭。年茶饭很丰盛,主食有白面馍、黄米馍、软米油糕、油馍馍、麻花;面食有剁荞面、手擀杂面条、圪坨、扯面;另有烧肉、炖肉、猪头肉、炖羊肉、羊杂碎、丸子、酥鸡等等。如此丰盛的年茶饭,全在大年前备齐,正月食用。

　　从正月初一起,陕北人便放下一切农活,舒适、富足、悠闲、红火的正月天到来了。庄稼人们居住在明亮干净的土窑洞里,灯笼、窗花、对联、丰盛的年茶饭、滚热的土炕、灶火口燃烧的柴火、冒着热气的米酒、燃放的鞭炮……这一幅幅别致的画面,散发着陕北正月天迷人的气息。

　　从正月起,具有乡土特色的民俗文化活动开始了,转九曲、拜年、闹秧歌等,喜庆、热闹。

　　安塞转九曲历史悠久。作为一种非物质文化遗产,千百年来,它流传于陕北大

夜间的九曲灯场,灯光璀璨,十分壮观

地,成为陕北民间极具特色的一种民俗文化活动。

　　九曲源起于九曲黄河滩。据《封神演义》载,姜太公领兵伐纣,遇纣王大将赵公明无人能敌,姜太公请来道人将其斩首。赵公明的妹妹为报此仇,摆下九曲黄河阵,周营中无人能破此阵。这是有关转九曲的最早传说。后来,转九曲被引入民间,遂发展成为一种与秧歌、观灯相结合的民间民俗文化形式。

　　唐宋以来,元霄节观灯活动日渐繁盛,逐渐成为一种文化现象。我们从文学作品里,能看到许多关于元宵节观灯的描写。转九曲作为观灯活动的一种补充,成为一种寄寓吉祥、富贵的民俗活动,代代相传,流传至今。2009 年 6 月,安塞转九曲被列入《陕西省第二批非物质文化遗产名录》。

　　安塞转九曲,是与陕北秧歌密切相连的一种民俗文化活动。活动主要在正月进

52

行。正月天,阳气上升,大地回春,人们就把这种文化活动叫做"阳歌"或"春闹",也就是今天人们说的"闹秧歌""闹社火"。

转九曲的内容极其丰富,也非常具有文化内涵,但就表现形式来看,主要是摆灯山、转灯。

摆灯山。转九曲是民间秧歌与祭祀活动相结合进行的一种民俗活动。所以首先要摆灯山,即在灯场的东或北边宽阔的地方放一张高桌,高桌上放炕桌,炕桌上扣只斗,斗上扣升子。然后在每层的四边放满灯碗,同时点着,这样上上下下灯光辉煌,格外明亮,十分壮观。

靠近灯山处再摆一张高桌,高桌上放一只盛满米的插香斗,斗的前边或两边放有酒盅、黄表纸,也有的还写神牌位,插于米斗中。这就是转灯时请来的诸路神仙就位的地方,称为神台。

灯场又称"龙门阵""八卦阵",它是用高粱杆横竖各倒栽十九行,共计三百六十一根,杆间相距约两米,杆顶座泥,然后安上小灯,小灯是用面捏,或用萝卜、洋芋挖空,倒上清油,放上棉花捻子,也有的用小蜡烛。灯上罩五色纸灯罩,这就象征全年的天数。高粱杆栽好点灯后,从上向下俯视,不仅五光十色,明灯一片,而且成为一种四方阵图,阵内有九个城子,象征黄河九曲回环。九个城子以金、木、水、火、土、

日、月、罗喉、计都摆设。大城套小城,城里有城;大弯套小弯,弯内有弯,万盏明灯银光闪,如同天空星辰。

灯山摆好后,就开始转灯。转灯前首先要祭风,由秧歌伞头领唱祭风歌,祈求神灵将风压定,然后由唢呐领头,秧歌队、观灯者紧随其后,由彩门入口进入灯场,进场后绕规定路线走。伞头手中的花伞,随着锣鼓的节奏,一起一伏,秧歌队员的彩绸不停地在空中飘动。人们扶老携幼,有的向左转,有的向右拐,有的向东,有的向西,有的向北,有的向南,弯弯曲曲,使人眼花缭乱。方阵分五方,即东南西北中,每方中央插一面旗或置亮灯一盏,上写此方位。伞头到此方即唱一段古代人物事迹歌。转过五方,走完九城即由彩门出口出场。秧歌队围住方阵,敲锣打鼓,让尾随其后的人顺利转完。

转九曲时演唱秧歌曲,有很浓的民间色彩。由伞头领唱,多以祈求风调雨顺、五谷丰登为主题即兴演唱,流传曲目有《请神》《拜灯山》《围风》《点五方》《进灯门》《转九曲》《送神》等。

安塞转九曲是记载黄河流域人类早期文化活动的活化石,是安塞这块文化区域保留比较完整的民俗文化形态,具有鲜明的艺术特征和文化特征。

安塞转九曲既有民俗的特征,又有宗教的内容,尤其是祭风、围场、进场、点五方、出场等,反映了劳动人民祈求风调雨顺的愿望,具有浓郁的宗教文化色彩。

转九曲具有鲜明的古文化痕迹。尤其是“九曲黄河图阵”图形复杂,俗称“八卦阵”,内有九个城,城城相连,扑朔迷离,反映了古代劳动人民的文化智慧。同时,转九曲不是单一的民间习俗活动,而且以秧歌艺术为辅助,伴有伞头领唱,尤其是转灯时伞头领唱的一些曲调,自编自唱,旋律优美,音调古老动听,唱词内容多祈求风调雨顺、五谷丰登,寄予了对和谐社会的一种向往,表达了一种朴素的价值观。

转九曲的图形,颇为复杂。有人把九曲称为“九曲黄河阵”,认为是一种古代战争的军事斗阵图形。但就传统意义而言,三百六十五盏灯预示一年,围绕这么多的灯盏行走,有一年平安之意。转灯开始,秧歌腰鼓锣鼓震天,人潮涌动,来自四乡八邻的人们排成长队,随伞头带领的秧歌队转每一盏灯而不重复,场面很是热闹。灯与灯之间,相距约两米;三百六十五盏灯,组成一个非常宏大、完整的方阵。方阵有一个出口、一个入口,分东西南北中五方,设九座城。转灯,大抵分祭风、围场、进场、点五方、出场、再围场、祭孤魂、闹秧歌八个阶段。散文家刘成章曾写过一篇散文《转九曲》,较为细致地描述了他转九曲的一次经历。作家路遥在他不朽的名著《平凡的世界》里,也写了转九曲。这里选录两段。

农历正月十五,一吃过中午饭,双水村就沉浸在一片热闹气氛中;锣鼓喧天,丝弦悠扬,鞭炮劈啪。村子上空到处弥漫着灰白的硝烟。全村的大人娃娃,说说笑笑,咿咿呀呀,手舞足蹈,都穿上了自己最体面的衣裳,纷纷走出家门,在众人面前露脸来了。人们把一年中的贫困、不幸和忧愁都暂时抛在了脑后,而尽情地享受几天这生活的热闹和快乐!

最大的人群中心在金家湾那面的小学院子里——大秧歌队正在这里排练。全村所有闹秧歌的人才和把式都集中在这地方。婆姨女子,穿戴得花红柳绿;老汉后生,打扮得齐齐整整。秧歌队男女两排,妇女一律粉袄绿裤,长彩带缠腰,手着扇子两把;男人统一上黑下蓝,头上包着白羊肚手巾。随着锣鼓点,这些人就满院子翩翩起舞。

这便是双水村的庄稼人欢庆元霄节的热闹情景。

《九曲好像一座城》是转九曲时演唱的一种民歌,歌词是这样的:

九曲好象一座城,
神仙推开南天门,
四周八面点灯明,
回头又观扬州城,
扬州城点灯明,
观灯以后主太平。

九曲好象九座城,
七十二位诸神来观灯,
龙儿灯,凤儿灯,
狮子绣球高龙灯,
四周八面点灯明,
观灯以后主收成。

大师笔记
——民间艺术家素描

　　这是一片充满神奇的土地。每当行走于这片艺术的丛林，我们就会被这一朵一朵奇异的艺术之花所倾倒，所陶醉。

　　清新的散发着泥土芬芳的艺术摇曳在这片土地上，组成一幅幅绚丽的画卷。她拆射着人类精神追求的最高境界，那就是对美的追求、向往和礼赞。

　　艺术的本质是人的观念、情愫和魂魄的文化表达，离开情感和精神，所有形式和技巧都与艺术无关。从这个意义上说，安塞民间艺术，是最为本原、最为原始、最为本质的艺术之一。她所渗透的文化情感和文化精神，正是我们这个伟大而古老的民族的情感和精神。

　　文化是没有边界的。越是民族的，也越是世界的。当我们发现，这些被称为"活化石"的民间剪纸，被称为"东方毕加索之作"的民间绘画作品，所承载的文化内涵远远超出我们想象的时候，我们所惊奇的是，这些剪纸和绘画作者，她们都未上过学，目不识丁。她

潘常旺作品《牛姑娘》

56

们生活在条件极其艰苦的深山沟里。坎坷的命运遭遇,清苦的山里生活,使她们每一个人都演绎出充满悲苦色彩的命运变奏。她们好多人连名字都没有,直到文化馆人员问起她们的名字,才让普查人员给她们起个名字。然而,令我们感到震憾的是,正是这些不识字的农村老婆婆,为我们创造了惊世骇俗的艺术;她们所创造的艺术,堪称中国民间艺术的瑰宝,代表着一个时代民族民间文化发展的高度。

安塞剪纸和民间绘画体现了劳动人民朴素的对于美的追求和认识。这是一种最为本原的对生命理解的表达。数百年来,民间艺术依赖于深厚的民间文化土壤,枝繁叶茂,绽放出美丽的花朵,就是因为这种艺术根植于民间,凝聚着劳动人民淳朴、深厚的感情气质和审美习惯,体现着我们民族精神的灵魂。

王占兰是安塞县沿河湾镇云坪村人。早在1979年,县上的文化工作者下乡普查,当时她已70多岁。她接过一张红纸,顺手拿起身边放着的大剪刀,先剪出外形,接着又换一把小剪刀,只作简单的刻画,便剪出了几幅造型非常生动的剪纸作品。

后来,民间美术专家靳之林看了王占兰的作品,他认为王占兰的剪纸造型高度概括,装饰简洁,刀法流畅严谨,形象生动,是剪纸中的大写意。

薛玉芹作品《牛头》

57

马国玉作品《春忙》

《倒照鹿》是王占兰的代表性剪纸作品。鹿在剪纸中较为多见,是传统吉祥纹样。鹿在古时称候兽,象征春天,寓意生命到来,民间也称鹿为仙鹿,经常伴仙人出入,鹿来到人间,是光明和吉祥的象征,寓意美好生活的开端。

王占兰 1985 年去世,享年 76 岁。我们感叹她过早的离开了这个世界,同时也带走了民间剪纸中最有文化价值的一种东西,这真是一个永久的损失。据有关专家说,从王占兰的剪纸中可以看出,民间剪纸曾经达到过一个很高的艺术顶峰。她剪的老虎是一个侧面的头,却剪出了两个正面的眼睛,这和战国铜壶侧面兽一样。由此可知,剪纸的艺术价值是极高的。

曹佃祥 1921 年出生在横山县艾好峁村。1929 年陕北大旱,王家人为了生存,远走他乡来到安塞,她从小受到乡土艺术的熏陶。她的剪纸作品特别重视造型的夸张。剪纸的时候,她总是先大刀阔斧地用剪刀剪出外轮廓,然后才在里边作各种装饰,或不作装饰。这种简洁概括的艺术创作手法,传承了陕北汉画像石的艺术特点。

她的绘画作品《大公鸡》1982 年被选送法国参加巴黎独立沙龙美展。她画的大公鸡气势轩昂,威风凛凛,尾巴奇大。画完之后,她很自豪地说:"我画了只毛腿子大公鸡,可威风了,可好看了。"

白凤兰生于 1920 年,生前居住于安塞县沿河湾镇茶坊村。她剪的《牛耕图》成为安塞剪纸名作,具有很高的历史文化价值,被认为是最能承载安塞历史文化内涵的剪纸作品。这幅《牛耕图》,与汉代画像砖上的《牛耕图》几乎一样。白凤兰没有上

白凤兰作品《毛野人》

过学,不识字,从未读过书,当然也就不可能从一些史料上看到汉代画像砖拓片。然而她剪下的这幅作品却与汉画像砖上的《牛耕图》惊人的相似,由此可以说,安塞剪纸是活化石,是古代文化的直接传承。作品通过剪纸的艺术形式,表现了黄河流域农耕生活的景观。整幅作品构思新颖,构图明快,农人手持鞭子,扶犁赶牛,耕种田地,浓郁的乡土气息,明快的意境,给人以春风扑面之感。

白凤兰的绘画作品《六畜兴旺》参加法国巴黎独立沙龙美展,并入选文化部编选的《中国现代民间绘画精萃》大型画册。这位老民间艺术家,也许是被新的时代、新的生活所感染,她的这幅绘画作品色彩明快,生活气息浓郁,反映了一种崭新的乡村生活图景,寄寓了她对美好生活的追求。任何一种艺术,都是心灵的表达。白凤兰表达的,正是她对生活的赞美,她笔下的牛、马、驴、羊、鸡每一种动物都独具情态,非常可爱。据说这是白凤兰的第二幅绘画创作,从构思图到创作完成,只用了两天。

高金爱生于 1922 年,2011 年 3 月去世,享年 89 岁。她生前居住于安塞县砖窑湾镇庙湾村。

　　高金爱一生坎坷。她出生于山西省临县碛口镇候台镇村。父母是农民,家境异常清贫。苦难的童年生活,激发了她对美好生活的无限向往。而从小后娘虐待,寄人篱下的生活,人生的冷暖,又使她的心灵产生了对真、善、美的渴望。正是苦难的童年,是心灵深处对于辛酸人生的独特体验,成就了高金爱,使她成为著名的民间艺术大师。

　　高金爱的剪纸作品传承了一批具有重要历史和文化价值的传统纹样,体现了剪纸艺术丰富的文化内涵。她从小生活在黄河岸边,这里是中华文明的诞生地,是中华民族农耕文化重要的土壤。她虽然目不识丁,未受过任何教育,然而浓郁的民间乡土文化艺术同样给她的心灵以极大的熏陶,耳濡目染,她的血液里溶入了民间传统文化的基因。她具有一颗爱美的心灵,对美的追求和向往,贯穿于她生命的始终,也成为她剪纸作品表现的永恒主题。

　　最能体现高金爱剪纸文化价值的作品是《艾虎》。外形像陕北黄土高原一座一座的山原,老虎粗壮的尾巴翘至背部,四条腿非常有力,而虎的头部精神饱满,稚拙

高金爱作品《虎》

可爱，身上还剪出了三个活蹦乱跳的小虎。民间传说艾虎比老虎更凶猛，而高金爱剪的这只艾虎，憨态可掬，胖乎乎的，十分可爱。

由此，我们看出，高金爱的剪纸作品，具有丰富的文化内涵。她虽然不识字，但是她能通过一把剪刀，把自己心里所喜爱的东西，把自己的喜怒哀乐，自己对于生命的理解和认识，给予准确的表达和体现。

虽然生活中她历尽坎坷，倍受磨难，但是她性格乐观直爽，充满对生活的热情。她的精神世界总是有一种强大的力量在支持着她，那就是对于美好生活的强烈向往和追求。反映在她的艺术创作上，就是不受任何传统样式的束缚，具有自由、大胆的艺术手法。她剪的作品从不画底样，一剪刀下去，就能形成自己的艺术形象，造型流畅、可爱。她的绘画作品想象力非常丰富，用色大胆，手法夸张，给人一种强烈的视觉冲击力。

高金爱的作品来自淳朴的民间，具有传统文化的独特内涵。中央美术学院教授胡勃在《学习民间美术的教学实践》（《美术研究》1986 年第 3 期）一文中写到："高金爱的剪纸《鹭鸶》《鸡》，洗练概括的造型，饱满充实的艺术风格，表现了一种质朴向上的情感，与陕北米脂汉墓出土的画像砖《鸟兽图》所体现的艺术风格是极为相近的。"

1985 年 12 月，中央美术学院靳之林邀请了陕北六位剪纸能手赴北京中央美术学院民间美术系，进行教学。其中，有四位是安塞县剪纸艺术家，她们是白凤兰、曹佃祥、胡凤莲、高金爱。中央美术学院教授、民间美术系主任杨先让在《安塞民间美术印象》一文中写道："安塞会剪纸的妇女可能有千百位，但是真正可称为能手的只是少数。王占兰、白凤兰、高金爱、胡凤莲、曹佃祥等即是其中佼佼者。她们是民间美术造型的传承人，既善剪纸又能刺绣，做面花，缝布制品，又是农民画的创造者，她们都是在传统民间美术队伍中有贡献的艺术家。"

在安塞老一代的民间剪纸艺术家群体里，常振芳的命运似乎更悲苦，更令人心生对命运的悲叹。她曾生育过十多个孩子，只成活了一个女儿，这种巨大的精神打击，使她患上了阵发性精神病，被人们称为"疯老婆"。疯病发作时，她便不由自主地唱起陕北民歌，歌声凄怨，如泣如诉。她的剪纸作品有一种原始的美，她剪的动物造型身大头小，用纹饰的变化反映动物的自然状态，非常准确。

常振芳喜欢画牛。她先后创作有《下山牛》《牛磨地》《老年和小牛》《山头上》等绘画作品，都是以牛为表现视角。从绘画《山头上》可以看出，她虽然命运悲苦，但她的艺术表现力却是非常杰出的。农人在山头上耕地，天空有成群鸟儿在飞翔，在歌唱，我们在想，这不正是常振芳内心对于生活的倾诉么？她多想让她的孩子，在她田野里劳动的时候,自由地和她一起玩耍,陪她唱歌,可是她生育过十多个孩子只有一个成活,于是她将孩子幻化成天空的鸟儿,陪她歌唱。

生活是艺术的源泉,只有来源于生活,来源于山野沃土,艺术的河流才会奔腾不息,飞溅起美的浪花。

生前居住于高桥镇南塌湾村的张凤兰,出生于1925年。她性格开朗,喜欢唱陕北民歌。她的剪纸作品构图繁丽,善剪鸡、鱼、羊等动物。在动物内部装饰上,她注重变化,产生出灵巧多变的艺术效果。她的绘画作品也极富个性特点,我们明显地看到,她的绘画在创作手法上也受了剪纸的影响,把剪纸造型运用于自己的绘画创作过程中,便产生了自己独特的风格。她的绘画作品《养蚕》获全国第二届民族博览会二等奖。她的画色彩明丽,远看仿佛满地的向日葵花,天真烂漫。

与其他民间艺术家相比,潘常旺的命运似乎顺畅一些。她1924年出生,居住于砖窑镇井坪河村。小时候,她的家庭生活比较富裕,婚后生活也比较美满。她心灵手巧,善剪花花绿绿的窗花。每逢年节,她就在自家明亮的窗格纸上贴上好多鲜艳的窗花,整个窑洞立刻充满春天的色彩。

潘常旺的绘画作品《牛姑娘》参加了1994年中国民间美术大展,并被中国美术馆收藏。《牛姑娘》取材于一个传说,传说很久以前村里有个婆姨生了一个女娃娃,女娃脸部有一半是人脸,一半是牛脸,头上还生着一个牛角。姑娘长大后聪明过人,心地善良,出门常骑个红马,后来出嫁到很远的地方了,村里人再也没有见到过她。

我们细细地品味这个传说,再看这幅绘画作品,我们不禁要想,这不正是潘常旺自己心灵世界的表达吗?她常年居住于井坪河村,距县城有100多公里,那时没有乡村公路,去一趟县城都非常困难,去更远的地方简直是不可能的。然而,她们的内心,却充满对外部世界的无限向往。于是,她画了这幅《牛姑娘》,渴望自己也骑着一头神牛,周游世界,感受多彩的人生。

白凤莲是敢爱敢恨的乡村妇女。她爱唱民歌,爱扭秧歌,兴致来了,还能喝半斤烈性烧酒。这种个性表现在剪纸方面,就是她的剪纸作品甜美轻快,风格清爽。她的作品在继承传统纹样的同时,融入了新的审美意识。她曾应邀去法国、美国进行剪纸表演,有五十多幅剪纸作品在中国美术馆展出,并被收藏。

居住于化子坪镇河西沟村的胡凤莲出生于1927年。丈夫去世早,她艰难地把四个孩子抚养成人。她的剪纸作品有八幅被编入人民美术出版社出版的《延安剪纸》一书。她擅长鱼、鸟剪纸,作品造型简练明快。鱼在民俗剪纸里,是"年年有余"的寓意,寄寓人们对美好生活的追求。鸟也称玄鸟,象征春天的来临。她的绘画作品《春暖》在中国美术馆展出后，被选送法国参加巴黎独立沙龙美展。《春暖》色彩明丽，生活气息浓郁，表现了新时期新的农村生活图景。

谈到安塞剪纸的文化传承，人们多以《抓髻娃娃》来举例论证。中央工艺美术学院教授说："《抓髻娃娃》一手举兔，一手举鸟；兔为阴，鸟为阳，阴阳结合就有了生命。因此，抓髻娃娃可以说是生殖崇拜的象征，是生命的呐喊，也是中国阴阳五行学说在民间的延续。"这幅《抓髻娃娃》是高如兰的作品，她的剪纸作品具有重要的文化内涵，通过剪纸的形式，较好地保留、传承了古代文化。高如兰生于1940年，居住于建华镇白老庄村。

这些极具艺术创造力的优秀民间艺术家，她们平凡的生命，宛如一朵朴素的野花，开放在黄土地贫瘠的土地上。然而她们却又是在极其艰难的生存环境里，为我们创作了这些奇异的艺术之花，使我们人类的精神家园，显得多姿多彩。同时，我们又心生深深的伤感，她们的艺术生命，是那么短暂。有的只有60岁就永远地离开了这个多彩的世界，却又为我们留下了那样令人震憾的艺术精品。

张芝兰就是这样一位艺术家。她于1992年去世，享年61岁。生前，她居住于楼坪乡张窑村。她有多幅剪纸作品在中国美术馆、中央美术学院展出。她的绘画作品色彩美丽，富于变化，组成了一个非常美妙的艺术世界。1982年中国美术馆选送七幅作品参加法国巴黎独立沙龙美展，其中《谷林间》《孵小鸡》两幅绘画作品竟然都是张芝兰创作的。由此，我们可以说，如果张芝兰还活着，她又该为我们创作出多少令人惊叹的艺术作品啊！

薛玉芹出生于1942年，谭家营郭塌村人。1988年，在文化部举办的首届全国农民书画大赛上，薛玉芹的作品《牛头》荣获一等奖。

《牛头》远看是一只牛，细看是三只牛，也感觉是一群牛。虽然没有看到牛身和牛腿，但是我们仍然看到一个庞大的牛群在向我们走来。画面饱满、厚重，给人以昂扬奋进的精神力量。这就是生活的力量、艺术的力量。

李秀芳1940年出生于河庄坪镇井家湾村，13岁父亲去世。因家境贫困，被迫辍学，回家务农。

李秀芳从小便受到浓郁的民间艺术熏陶。她的母亲和姑姑都是剪纸巧手，父亲是本地一个有名的画匠，经常给当地村民画箱柜画。生活在这样具有浓郁民间艺术氛围的环境里，李秀芳由一名剪纸艺术的爱好者，成长为一名心灵手巧的剪纸能手。

与白凤兰、高金爱、曹佃祥、胡凤莲等第一代艺术家所不同的是，李秀芳上过学、读过书，具有一定的文化素养。她的艺术创作，在继承传统民间艺术的基础上，融入了时代的气息，反映了新的社会生活，通过剪纸艺术，表达变革时代人们的思

63

想感情,因而极大地拓展了剪纸艺术的表现视角。她是新一代剪纸艺术创作群体的典型代表。她的剪纸创作,也是剪纸艺术由传统表现形式走向反映新时代、新生活的重要转折。

这块艺术的热土,走出了一大批杰出的艺术家,这里不能全面的叙写她们的生活和创作,但是通过下面的文字,我们可知安塞民间艺术的发展高度:

高向成、高金爱、贺玉堂、李秀芳、解民生、曹怀荣被公布为国家级非物质文化遗产保护项目代表性传承人。

高金爱、白凤莲、李秀芳、解民生、贺玉堂、曹怀荣、薛玉芹、刘延河、白光义被公布为省级非物质文化遗产保护项目代表性传承人。

高金爱、李秀芳、薛玉芹被命名为中国民间文化杰出传承人。

高金爱、白凤莲、张凤兰、李秀芳、侯雪昭被评为陕西省工艺美术大师。

高金爱、白凤兰、白凤莲、曹佃祥被联合国教科文组织授予"世界剪纸艺术大师"称号。

李秀芳作品《打腰鼓》

散落在山野的记忆
——文物概述

安塞既是民间艺术的宝库,同时也是文物资源富集的区域。黄土风情文化和历史文化交相辉映,使安塞熠熠生辉。

根据第三次全国文物普查结果,安塞共调查登记文物点 549 处,其中,古遗址类 370 处,古墓葬类 42 处,古建筑类 46 处,石窟寺及石刻类 49 处,近现代重要史迹及代表性建筑类 41 处,其他类 1 处。

安塞县丰富的文物遗存,比较完整地展现了人类各个时期的生活状况,也多层次呈现了各个时期的的文化形态。通过这些文化遗存,我们看到了人类文明漫长的发展历程,人们对于美好生活的向往和追求,同时也看到了人们的情感和愿望。数量庞大的古遗址,充分反映了古代氏族部落的分布情况,对于研究陕北地区古代居民的生产生活状况、聚落分布、区域类型、文化谱系等提供了重要的资料。遍布安塞的古墓葬、古建筑、石窟寺及石刻,见证了人类文明的发展历程,展现出了丰富多彩的社会生活。

聚落遗址是远古生产力不发达的条件下,人类为抵御自然灾害和外族部落的入侵而形成的群居遗址。这些遗址真实地反映了人类早期的生产和生活,也孕育了人类早期文明。

由于安塞地形地貌特殊,水土流失严重,因此,古墓葬较少。同时,由于安塞经济文化相对落后,而历史名人较少,这些墓葬多为普通墓葬。从墓葬的形制来看,多为家族墓群,汉代墓群居多。从分布来看,多分布在生态环境比较好的村落,川道较少。

安塞在地理位置上长期处于中原汉民族与北方游牧民族的结合部,历史上有多个少数民族定居于此。在古代,有多个北方游牧民族试图南下,与中原汉民族争

王家湾马家园村古烽火台遗址

霸天下。因此,在安塞,羌、氐、鲜卑等民族,均留下了生活的痕迹。同时,在民间故事和传说中也屡屡有关于少数民族在安塞生活的一些记述。如平羌寨(今坪桥镇),传说中汉民族与羌族打了一仗,赶走了羌族,故名"平羌寨",这虽然是民间故事,但也从另一方面说明了少数民族在安塞生活的情形。北方少数民族多为马背民族,择水草而居,而古代这里的汉民族则挖穴而居,因此,安塞的民居建筑没有留下任何痕迹。我们现在看到的古建筑,全是寺庙建筑。佛教从汉代传入中国后,迅速传播,各地修建了大量寺庙。然而由于时代久远,好多寺庙都损毁无存,现在看到的寺庙,大都是明清时期的建筑。从这些寺庙的建筑风格和分布,我们看到了安塞人的宗教信仰以及佛教在安塞境内的流传状况。

佛教传入中国之后,佛教建筑也随之发展起来。到了魏晋南北朝时期,随着佛教的迅速传播,各地大量修建佛教寺院。佛教建筑形式有三大类,即寺院、塔幢、石窟。在安塞较为普遍的佛教建筑有寺庙和石窟。寺庙由于历经岁月风霜,大都已损毁,然而石窟却因为开凿于山崖之上,虽历经久远仍然保持了历史风貌。我国较为著名的云冈石窟、龙门石窟均开凿于北魏时期。而位于安塞真武洞滴水沟的大佛寺也开凿于北魏时期,这有力地证明了佛教在我国北方的流传状况。摩崖石刻相对比较少,多依附于石窟,有摩崖石刻的地方,必有石窟。安塞石窟多为唐宋时期开凿,其中也有少量为北魏时期开凿。

从1935年中央红军到达陕北,党中央毛主席在延安居住了13个春秋,安塞作为陕甘宁边区重要的组成部分,好多中央后方单位,如边区医院、边区高等法院、边区保育院、边区机器厂等均迁驻安塞。此外,安塞共有7处毛泽东旧居,这也从另一个方面反映了党中央在抗日战争和解放战争期间的活动。革命遗址遍布安塞,使安塞成为红色文物比较丰富的区域。

升起文明的炊烟
——古遗址

安塞的古遗址大体有四类,即聚落遗址、烽火台遗址、故城堡寨遗址、洞穴遗址。

聚落遗址多为新石器时代文化遗存。我国新石器时代中期遗存的代表,有距今约 5000~7000 年的仰韶文化,它是在黄河流域分布较广,延续时间也较长的一种文化遗存。仰韶文化的发展经历了两千多年,当时我国黄河流域农业文明发展迅速,

龙安故城遗址(宋代)

农业经济发展较快。安塞气候比较湿润,土地肥沃,新石器时代人们广泛种植粟,并已开始种植蔬菜,定居生活已相当稳固,形成了大、小不等的聚落遗址。一些大型遗址,如捞饭盆峁遗址,南北长 300 米,东西宽 200 米,面积达 6 万平方米,平面呈规则长方形,遗址文化内涵十分丰富,断面处发现房屋遗址 10 余处,文化层及灰坑各一处,是安塞县较为罕见的大型仰韶及龙山文化遗址。龙山文化是我国新石器时代晚期遗存的代表,距今四千年左右,是仰韶文化之后兴起的文化代表。在仰韶文化时期,石器只有 10 多种,到龙山文化时期,已经增加到 30 多种,使用的专业化相当突出。安塞较为大型的龙山文化遗存主要有乔岔遗址、捞饭盆峁遗址、张家峁遗址、红柳渠遗址、曹林山遗址等。此外,还有一些遗址,虽然面积不大,但是文化遗存较为丰富,文化特征明显,如坪桥遗址、大理沟遗址、前盖遗址、顶天峁遗址等。

烽火台遗址多为宋时修筑。宋时,陕北为边关要地,范仲淹等名将镇守延安。当时,北宋军队多次与西夏交锋,而安塞处于北宋边关位置,一旦西夏军队进犯,便烽烟四起。烽火台便是在这种背景下修筑的军事设施,用以传递军情。此外,秦时筑长城用以防御匈奴,在长城沿线还修筑了烽火台,在安塞境内还有少量的秦代烽火台遗址。其中有一部分烽火台基本沿延河分布,沿线还分布有安塞堡龙安寨、塞门寨等古城,可以看出北宋防御西夏的军事体系。

故城堡寨遗址主要有龙安故城、安塞堡故城、平羌寨故城、塞门寨故城、康庙寨子、云盘山寨子、寨子湾村故城、招安寨故城、乔庄寨址、万安寨等。这些古城堡和古寨址,是北宋为防御西夏入侵所筑的,如塞门寨、平羌寨、招安寨、万安寨在《宋史·地理志》中均有明确的记载。历史记载与文物遗存鲜明地准确地印证了人类历史的发展轨迹。

安塞境内的洞穴遗址主要是崖窑,这些崖窑均开凿于山崖之上,为清朝末年开凿。当时,安塞地区多有匪患,人们在山崖上凿洞而居,主要是为了防止土匪袭扰。据有关资料记载,清朝同治年间,西北地区有过一次大战乱,掳杀抢掠,十分严重,也就是在这一时期,匪盗横行,人民为防止匪患,在地势险要的山崖上开凿山洞,俗称"崖窑",用于防匪。

宋之桢墓壁画(宋之桢,明万历二十六年进士,邑人)

探寻地下的秘密
——古墓葬

　　陕北地形属于黄土高原丘陵沟壑区,河流纵横,山梁起伏。在漫长的历史岁月里,水土流失相对严重,因此,好多墓葬没有完整的保存下来。只有在地形相对封闭、平整的地方,才能发现很少的墓葬群,以汉墓居多。代表性墓葬有曹庄汉墓群、前窑沟马家沟墓群、云盘山汉墓群、宋家沟墓群、店坪梁墓群、桑塌墓群、麦地湾墓群等。其中,曹庄汉墓群出土文物丰富,有陶器、钱币等。这些出土文物反映了当时陕北地区人民的生活状况和经济社会发展。而且,有一部分汉代墓群,均有画像砖出土。汉代画像砖反映的社会生活面较广,其中陕北秧歌、腰鼓画像砖,体现了当时文化的繁荣。同时,这些墓葬为研究当时墓葬形制、民俗等提供了重要资料。名人墓葬主要是马懋才、宋之桢墓。清乾隆九年(1744)《安塞县志》对马懋才有记载:"马懋才为明天启乙丑年进士。任湖州副使,倜傥不群,貌丰髯美,聪明机警,善属文,下笔千言立就"。《备陈灾变疏》是他有名的奏疏,详细地描述了当时延安地区的自然灾害和人民疾苦。

楼坪寺岔村大通寺(宋代)

遗存于青草间的艺术
——古建筑

安塞的古建筑多为寺庙,也有很少几处为戏楼。

安塞的乡村寺庙多为龙王庙、娘娘庙。这也从另一个方面说明,安塞人民渴盼风调雨顺,五谷丰收;渴盼多子多孙,儿孙满堂,寄寓了他们对美好生活的追求。由于时代久远,风蚀雨剥,好多寺庙建筑已经损坏无存,只留残碑一座。但是从这些漫漶不清的碑文记载上,我们仍然能够发现大量历史的、文化的、民俗的信息,这些信息对于考证安塞的宗教流传、历史沿革、古建筑形制、民俗文化具有重要的价值。如王家湾乡城黄梁村光明寺,位于一座黄土山梁上,据寺内壁画记载,该寺初建于清康熙六年(1667)。当时,这里人烟稀少,能在那么偏远闭塞的山梁上修建规模宏大的寺庙,也反映了当时宗教信仰在民间广泛传播的程度。

有一些古建筑,如清乾隆九年《安塞县志》内所记载的寺庙,大都已废圮,但是我们今天仍能看到一些寺庙遗址,如顺惠王庙、大佛寺、剑匣寺、文昌祠、魁星阁等。

戏楼是安塞乡间较为普遍的一种古建筑,多依附于寺庙而修建,每年庙会期间都会有戏曲表演,于是修建了戏楼。高桥戏楼所绘人物、山水、花鸟壁画,对于研究民间绘画的演变有重要参考价值。从中可以看出古建筑所蕴藏的文化内涵对于今天的文化发展是有重要影响的。

镌刻在岩石上的文化
——石窟寺及石刻

安塞碟子沟"攀龙附凤"石刻(清代)

石窟寺是佛教传入中国之后而兴起的一类佛教建筑。魏晋南北朝时期,佛教在中国广泛传播,佛教建筑也随之迅速发展起来,在陕北,比较普遍的佛教建筑有寺庙和石窟。

寺庙由于年代久远,风蚀雨剥,大都无存,而石窟,却由于开凿于山崖之上,虽历经风雨,仍能保存下来,只是石窟内的壁画、佛龛由于风化严重,大都残缺,但是通过这些残缺的艺术品,我们仍然可以看到古代石窟所表现出的艺术魅力。这些石窟造像造型奇特,线条优美流畅,对于研究安塞乃至陕北地区造像及佛教流传具有重要价值。如位于安塞县真武洞滴水沟的大佛寺石窟,原名崇庆禅寺,始建于北魏时期。主窟大佛被誉为"陕北第一大佛",1980 年被重新发现。

大佛寺石窟是陕北现存最早的石窟寺之一。主窟的大佛高六米多,是陕北地区最大的石造像。其凿造时代,在北魏晚期至西魏,是石窟艺术从陇东庆阳至山西大同之间一个重要的衔接链条。它的发现,对中国佛教发展传播和石窟寺艺术的发展传播路线的研究,提供了新的资料,具有十分重要的学术研究价值。该石窟虽然大部分造像已严重风化脱落,但幸存的 1 号窟北壁、南壁、前壁和藻井造像线条流畅,神情生动传神,姿态十分优美,《菩萨、佛本生故事画》等雕像,堪称古代雕塑中的精品,具有重要的艺术价值。

世纪的背影
——近现代重要史迹及代表性建筑

近现代重要史迹及代表性建筑大体有四种类型,即革命旧址、水利设施、粮仓、民居。

党中央、毛主席在延安生活、战斗了 13 个春秋,给安塞留下了丰富的红色文物资源。一批重要的后方机关、保育院、野战医院等在安塞驻扎,留下了许多的革命旧址。此外,毛主席转战陕北期间率领中央机关在王家湾居住了 58 天,西北野战军在真武洞召开了祝捷大会。这些对于研究陕甘宁边区时期政治、军事、经济和文化都有很重要的价值。

水利设施主要是新中国成立后所修建的水库、渡槽等。

高桥粮仓是目前安塞境内发现的唯一一座民国时期的粮仓。粮仓左侧门上方有明确题记"中华民国二十一年十月一日立",对于研究民国时期的粮仓储备有一定参考价值。郭氏民居在建筑风格上具有一定的代表性,体现了民国时期安塞民间建筑的特点和民间风俗。

沿河湾黄崖根村郭氏民宅(中华民国)

田野里的文化碎片

——石碑、石造像及铁钟

　　石碑、石造像、铁钟均是依附于寺庙、石窟的一类文物。寺庙建成后,刻石以记,于是有了庙碑。庙碑具有很高的文化价值,对于考证寺庙的变迁、当地历史沿革、宗教信仰以及民风民俗具有重要的作用。如砖窑湾镇杨家沟村《重修关帝庙碑记》中"陕西延安府苗目川杨家沟重修关帝君一座",由此便可知当地的历史沿革。镰刀湾乡刘沟政村马圈村《重修关圣帝君庙》碑,立于清咸丰十一年(1861)三月初五,有很长的一段文字为研究清代宗教传播以及地方民俗文化提供了重要参考资料。同时,石碑对于考证古建筑有重要作用,如清乾隆九年《安塞县志》内记载有顺惠王庙,在王窑乡庙湾村便有《重修顺惠王庙》碑。

　　石造像是寺庙内的佛教雕像,残损严重,但特点明显,线条流畅,风格优美,具有很高的艺术价值,为研究宗教文化发展提供了实物资料。

　　铁钟为研究佛教的发展、传播以及地方历史沿革提供了丰富的资料,如化子坪阎家河村娘娘庙铁钟,铭文记载明弘治三年(1490),延安府安定县(今子长县)有一寺僧来安塞化子坪,铸造铁钟。这段铭文对于研究明代佛教文化传播有重要的参考价值。

　　下面选录几处庙碑、石刻和铁钟铭文:

　　招安前山老爷庙碑正文竖排阴刻楷书 "安塞治之西赫家湾旧有山神土地行雨龙王神庙一所历年已远风雨飘荡庙貌剥落四壁鼓裂口结漏水但意欲改旧更新独立难成因而仰四方人之君子随心设施各助银两重修庙宇焕然更新"。落款:"道光十一年岁次辛卯六月立。"

　　关圣帝君庙碑位于镰刀湾乡刘沟村。碑文为"尝闻山不在高有仙则名水不在深有龙则灵我塞邑马圈则地虽微小应有关圣庙一所历年久远不知何代至嘉庆年间重复补修庙貌神像风口刻落山门垣墙雨洒损伤士农工商口观悼口行族君于远望悲伤

合会人等议论公商因山小缘募化四方善男信女不吝己财多资捐助依旧庄严巍巍乎庙貌依然可观洋洋乎神像焕然维新成始者我等之功成终旧世人之为敬书碑记刻名于石以口不朽是以为序"。落款："咸丰十一年三月初五日重修。"

剑化寺摩崖石刻位于建华镇南侧四峁山断崖上。共有 80 字，字体为行楷，平均每字高 0.1 米，宽 0.08 米，其内容为"太原高子寿景公庆阳魏信享州开封高居崇志夫官成王口季和大梁张思正子正周游剑匣寺瞻礼佛于岩下是时雨年晴天如镜登邻四望赏不情时辛卯岁次和初季春人之明思志满题。"

阎家河铁钟钟身有铭文："大明国陕西延安府安定县法口寺僧口口云游到本府安塞县永堂里化子仓地波罗口口口园往上阴杨口景春杨信杨俨金火匠杨辛男杨仪……铸弘治三年九月吉日造。"

杨石寺村龙王庙铁钟铭文为"陕西延安府靖边县镇罗堡马安梁龙王庙前谨献神钟一颗重六十斤诚心弟子王仁礼等人施钱名单"，落款："乾隆二十二年二月二日谨献合会弟子献钟金火匠人高元文。"

招安老爷庙铁钟铭文为"大清国陕西延安府安塞县西州赫家湾土地山神老爷神钟一口"。落款："乾隆十六年八月铸造。"

乔庄铁钟铭文为"无上道真、位临北极、福被无疆、治世玄岳"，落款为"蚩乾隆九年甲子四月吉旦。"

青龙店铁钟铭文为"大清国陕西延安府安塞县龙安里二三甲青龙店青龙庙一座嘉庆十年正月吉日立"。

◎ 传说安塞

剑匣寺石窟

剑匣寺的传说

　　剑匣寺是唐朝时,安塞人为了纪念李世民的功绩而修建的。它位于安塞县城以北十公里的一座石壁上,壁长约三十丈,高约六丈,山河辉映,气势壮观。

　　相传,唐朝初年,这里盘踞着一条巨蟒。蟒长十几丈,桶一般粗的身体,可以在很远的距离就将人吸进它的肚子中,当地人经常被巨蟒生吞。于是,人们逃的逃,躲的躲,远离家乡,奔走四方,田里便长满了杂草,路上断绝了行人。这一年秦王李世民带兵北征路过此地,听到这一情况,决定为民除害。他将马拴在一棵树上,然后带了员嫡亲战将,提着一把特大的宝剑,悄悄地到了石壁前。当时,那里的荒草长得比人还高,乱石成堆。李世民和那员战将隐藏了起来。这时,蟒恰巧从石缝中伸出了头,探在河里喝水。看准时机,那员大将拔剑就刺,却不料心一慌,手也软了,没中要害,刺在巨蟒背上。蟒受了伤,猛地往回缩身,但由于疼痛,,没缩回头,却因用力过猛,将头摔起贴在了石壁上。说时迟,那时快,李世民腾空而起,看准蟒头,不知怎么来了一股神力,剑穿过蟒头,扎入石壁,直到手柄处。蟒挣扎了一会,便死了。蟒的血流了好长时间,把河水都染红了。蟒死了,剑却扎进石壁上拔不出来。后来,来了二三十个士兵,套上绳子拉了一天,才将剑从石壁上拔出。

　　自此,百姓还家,万民欢呼,称颂秦王李世民为民除害的功德。不过那石壁上至今还留有一尺余宽、深不可测的剑形石匣。

金鸡山的来历

　　金鸡山,位于安塞县王窑杏子河畔的大坪嶗岘。它四面群山环绕,好似一个放在金盆中的葫芦。此山为何叫"金鸡山"呢?这里还有段有趣的传说。

　　很久以前,一个四处巡游的南方法师途经此地,但见山上紫气升腾,仙烟袅袅。根据这里的气色形状,法师断定山内有一稀世珍宝——活金鸡。而开启这山的钥匙,就是山下一个年刚九岁,名叫环子的娃娃。于是他来到环子家里,见他家中异常贫困,就留给环子家几十两银子。临行前,法师掏出一颗葫芦籽,对环子家人说:"请把这葫芦籽种在山上,精心培育,九月九日我来取葫芦。"环子家人欣然答应。

　　九月九日,葫芦刚好成熟,法师就来了。他把环子引到山上,叫他把葫芦从中切开,并平伸两臂,一只手托一半。这时山无声的向两边移开一条缝。法师要进去取宝,临进前对环子说:"千万不要把葫芦合在一起,切记。"环子在上面看到法师捉拿活金鸡,只见他一扑一闪,那金鸡十分灵活,几次将他闪得直打趔趄,险些嘴啃泥地。环子乐了,大笑起来,无意中将两半葫芦合在一起,只听"咯叭"一声巨响,山合拢了。法师取宝未遂,反而葬身山底。从此,这里有金鸡的事就传开了,此山也就叫作金鸡山了。现在,从山梁顶端到山尾,还留有一条很长的凹槽。这条凹槽长约数里,宽有丈余。人们说,这条凹槽就是当年开山留下的痕迹。

鸦行山的由来

　　在古时候,鸦行山原是一座活山,每时每刻都能听到一对金鸦的叫声。有一天,一个白发老翁对人们说:"此山有金鸦,也是你们的福分。你们为什么每年都粮食大丰收,牛羊满圈,也是它们二位帮助你们的。"恰巧路过两个满人,听到这话后,认定此山一定有宝。第二天他们上山观察了地形,发现山中真的藏有宝物。第三天他们就上山取宝,他们顺着叫声,开始念法、破山。念来念去,山还是原来的山,水还是原来的水。一两个月过去了,山还是没有一点动静,他们就动员当地人挖这座山,可是白天挖,晚上山又恢复了原状,就这样挖了很长时间,也没有动此山的一草一木。他俩正在迷惑不解的时候,白发老翁出现在他俩面前说:"要挖此山取宝并不难,只要你们今晚上山,南面有一个圆石台,石台上有一块石头,只要你俩到石头附近就能知道。"当他俩抬头看老翁时,老翁不见了。两人晚上就上山,果然听到一对金鸦在说话:"他们要破山取咱,必须找到圆台石头下面的深坑,里面一丈二尺高的芦草,拿上它在山顶上一拉山就开。"这二位听后,高兴地跑回家,告诉人们说:"有破山取宝的真法了。"第二天,他俩找到芦草,上山顶拉了一下,山哗啦啦地开了,便有一对金鸦展翅朝南而飞。

　　这就是鸦行山的来历。

云台山的传说

在安塞故城原址北2.5里处，有一山名叫云台山，从几百年前至今，此山香火一直未绝。至今，山上还有很多庙宇的遗址。传说中，此处原是一座神坝山，是一个小姑娘破了的。

很久以前，天遇大旱，人们吃完了川里的野菜，只好上山去挖。一天，一个小姑娘上山去挖晚上吃的苦菜，正挖着，听到有人说着"长、长、长……"。她抬头一看，原来是个白胡子老头，站在距自己不远的地方不停地重复着"长、长、长……"。小姑娘没理睬老头，继续挖自己的菜。可每一声"长"落音，苦菜就往大长了一下，这些苦菜本来已起了苔，再往大长就吃不成了，这下姑娘火了，直起腰向那老头喊了一声："还长，长的让我们吃什么？快别长了。"话音未落，那老头不见了，只见老头刚站的地上伸出去一座长长细细的石山把延河给拦住了，只是没有和对面合拢，没有成坝，也没有把这儿变成一个坝。现在站在山上看，此山与对面百米多远的老虎沟正对，而且沟凹和山凸处的形状极相似。

真武洞的传说

从前,在安塞县委党校山上有一石洞,深不可测,每遇天阴雨湿,里面鬼哭狼叫,闹得很凶。按老人们讲真武洞的得名和这个洞有着牵连,这里还有段故事呢。

很久很久以前,这一带,百姓们白天出去种地,晚上回家闲谈,山间小路到处都飘着颤颤的信天游,生活过得很火热。突一日,电闪雷鸣,风雨大作,远处天边闪着一条耀眼的光带,慢慢飘来,临近地面时,一下子变成了一条银色的莽蛇。这蛇身长数丈,口若血盆,挥舞着沉重的尾巴,一下子俯冲下来。这下这一带就遭了殃,这蛇见人就吃,无休无止,就连圈里的牲口也不放过。没几天,方圆数百里的百姓已所剩无几,堆堆白骨撒满山间小径,整个大地阴风凄凄。活着的人也都过着今日没明日的日子,整天闭门塞窗,烧香祈祷。

真是无巧不成书。一日,真武祖师去天宫赴王母娘娘的蟠桃盛会,驾云路过此地,见到这里堆堆白骨,感到好生纳闷,昔日热闹非凡之地,何故变成人间地狱?便按下云头,一打听才知道妖蛇作怪,气就不打一处生,便令百姓敲锣打鼓。莽蛇闻声而来,一个俯冲。"哪里走?真武祖师早已等候多时。"妖蛇一怔,寻声瞪起灯笼般的红眼睛,真武祖师早已端坐云霄,蟒蛇急忙扭头想溜,哪里来的及呢,真武祖师拂尘轻轻一扫,便将莽蛇制服,然后选了一个深洞,将这妖蛇关了进去。真武祖师怕这妖蛇再还世作孽,便命百姓在洞口塑了一尊真武祖师手握宝剑的像,以降妖蛇。这洞后来被老百姓叫作"真武祖师洞",简称"真武洞"。大家十传百,百传千,这洞便出了名。

花开花落,冬去春来,真武祖师静静地立于洞口,一立就是数千年。终于有一天,来了一群戴着红臂章的"革命小将"在真武祖师塑像的脚下,凿了个大洞,灌满了烈性炸药。"轰"一声响,天崩地裂,真武祖师和妖蛇双双上天了。

真武祖师走了,真武洞这个名字却留传下来,一直沿用至今。

鸦行山的传说

安塞县镰刀湾乡境内有座山,叫鸦行山。这座山很怪,细细端详,主峰像座坟堆,侧峰像只苍老的乌鸦。关于这座山的来历,还有段传说。

很久以前,有个后生住在山上,以打柴为生。他没有父母,也没有兄弟姐妹,孤零零地,只身一人。一天,他在草丛里发现一只苍老的乌鸦,羽毛散乱,两腿受伤,全身沾满泥血,已经站不起来了。后生见了,顿生怜悯之心,赶忙去救护它。乌鸦吃惊地抬起头,睁开恐慌的眼睛,"呱呱呱"地叫着,努力扇动着翅膀。后生对乌鸦说:"我不伤害你。"那乌鸦也通人性,乖乖地再不动了。后生将乌鸦抱起来,带回了家,给它洗净身上的泥血,包扎好身上的伤口,自己吃什么就给它吃什么,渐渐地乌鸦恢复了体力,并且身体越来越健康。说来也怪,那乌鸦可聪明了,后生闷了,乌鸦给唱歌,后生打柴,乌鸦给引路,后生休息,乌鸦给驱蚊。他们日日相伴,形影不离,成了亲密无间的朋友。

当地县官知道此事后,很想得到这只乌鸦,给后生许下许多金银财宝,可后生就是不换,县官眼珠一转,想了条计。他将后生骗进衙门,拿出铁鸟笼,对后生说:"你的乌鸦很好,这笼子送给你,做乌鸦的窝吧。"后生欢喜若狂,边谢县官,边将乌鸦放在笼子里。那后生将乌鸦往笼子里一放,县官使了个眼色,衙役们一涌而前,抢了鸟笼就走。后生上前夺,却被赶出了衙门。

后生回家后,又气又急,不久就死了。好心的乡亲们把他埋在高高的山峰上。再说被抢走的乌鸦,关在铁笼里,整天不吃不喝,更不开口唱歌。县官见状,很是纳闷。一日,乌鸦突然唱起了歌,唱得很悲切。县官听了很高兴,忙让人打开笼子,准备将乌鸦拿出来玩。哪知笼子刚一打开,乌鸦像支利剑,猛地飞到县官面前,用双爪挖走了县官的双眼。它冲出衙门,飞呀,飞呀,飞到后生的坟旁,用爪子碾碎县官的眼睛,放在坟头,自己蹲在旁边,化成了一座小山。

人们为了纪念这只乌鸦,就把这座山叫作鸦行山。

白猪山的传说

安塞县王家湾境内有座山,名叫白猪山,很高大。关于山名的来历,有段神奇的传说。

很久以前,山里住着一头神猪,身长丈二,脚长八尺。脑大像斗,嘴张开像簸箕,眼睛一瞪像拳头大,身上长的毛全是白的,像棉花一样,力大无穷。它想上天,就是飞不起来,于是,天天用嘴拱山,想让山往高长。它拱呀拱,山一天能长高二尺,不知拱了多少年,眼看把山拱得快跟天一样高了。

天上的神着了慌,赶忙把这事报告给玉皇大帝。玉皇大帝听了,命令天兵天将下去捉拿白猪。天兵天将下到山上,猪在山里头不出来,它还在拱呀拱呀,天兵天将在山上想要压制住山长,但是根本压不住。后来,天兵天将发现,过上几天,猪要出来在河里喝一次水,他们就想了个计,藏在河边草丛里。这一天,白猪果然从山里出来下河喝水,天兵天将断了猪的后路,将猪围在当中,虽然白猪力大无穷,但它抵挡不住刀剑,最后还是被砍杀死了。从此,这座山就被人们叫作白猪山。

龙石头的传说

在安塞县杏子河畔招安同沿河湾接壤处,有一个村子叫龙石头。

传说很久很久以前,这个村子叫西枣湾。有一天,从南面来了一个先生。他在村子里转了转,围着石头看了看,说这是一块奇石,如果在这块石头所在的位置建造学堂,定能出三斗三升菜籽那样多的官。村里人听了,都非常高兴,准备将大石头凿开造学堂。石匠们拿着锤子、凿子,开始打石头。白天打开点小洞,晚上又合在一起了。一连几天,都是这样。村里人感到奇怪,就问先生。先生说:"要白天黑夜不停地开哩。"于是,工匠们不分白天黑夜打石头,打了两天两夜,开了一条缝。这时,听到石头内发出"哗哗哗"的响声。工匠们害怕了,慌忙扔下工具就跑。霎时,狂风呼叫,乌云遮天,大雨倾盆。猛然,一声炸雷,打在了这块石头上,顿时,石头上迸出一团火光,光耀四射,一条几丈长的龙腾空而去,雨过天晴,石头上留下一条裂缝。从此,人们把这块石头叫作"龙石头",这个村子也就改名龙石头村了。

○ 多彩安塞

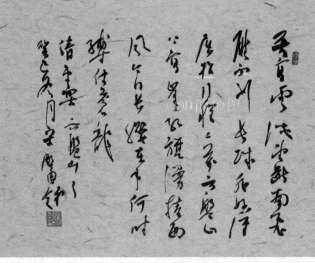

艺 术
——创作与繁荣

　　安塞深厚的民间文化土壤，催生了一批闻名全国的民间艺术家，使以安塞腰鼓、安塞剪纸、安塞民歌、安塞民间绘画为代表的民间艺术形成了品牌，焕发出新的色彩。进入新时期以来，随着经济社会快速发展，人民生活水平显著提高，城乡社会面貌发生了巨大的变化。新的时代，使广大人民群众对精神文化生活有了新的要求，同时，日益发展的经济社会也为文艺创作提供了更为广阔的空间。安塞的文艺工作者坚持深入生活，扎根生活，创作了一批优秀作品，使安塞的文学、曲艺、美术、书法、摄影、音乐等现代文化有了极大的发展。现代文化的发展，成为民间文化、历史文化的重要补充。从而形成了安塞全方位的、丰富多彩的文化格局。

　　文学艺术创作空前繁荣。一批优秀的中青年作者涌现出来，创作了一批贴近生活、贴近现实、反映时代变革的优秀作品。由于安塞的作者大都出身农村，具有农村生活的经历，因此他们创作的文学作品大都反映农村生活，具有浓郁的乡土生活气息。殷宇鹏、冯生刚、闫伟东、谷培生、郭志东、陈海涛、李留华、甄伟才、米宏清、张宏峰、杨士杰、袁延峰等一批中青年作者创作的文学作品先后在《人民日报》《陕西日报》《散文》《延河》《延安文学》等报刊发表。小说创作有了重大突破。李留华的小说《黄土谣》在《小说家》发表，郭志东的小说《看天》在《昆仑》发表，米宏清的小说《山沟拐洼》在《新大陆》发表，张宏峰的小说《黄土峁上荡过一支苦涩的歌》在《延河》发表。长篇小说创作有了可喜的收获。陈海涛的《人样子》、闫伟东的《塞西支队》、赵连胜的《高迎祥》、冯学福的《赌博》、邵东的《游走》等长篇小说先后出版。好多作者出版了散文集。殷宇鹏散文集《乡土的记忆》、谷培生散文集《崇拜山水》、甄伟才散文集《太阳门前来》、杨士杰散文集《陕北柳》、袁延峰散文集《乡情记忆》相继出版。郭志东主编出版了《安塞县文学作品集·小说卷》和《安塞县文学作品集·散文卷》，比较集中地展示了安塞县文学创作概貌。除文学作品外，一批介绍安塞黄土风情文化的书籍也陆续出版。师银笙著《安塞履踪》，冯生刚著《安塞民俗》，殷宇鹏、米宏清著《安塞民歌》，谷培生著《安塞剪纸与农民画》，郭志东著《安塞腰鼓》，赵连胜著《黄土地的骄傲》，张新德著《安塞腰鼓》以及米宏清著《多彩的乡情》，郭志东编著《陕北的魂魄》《母亲的艺术》《守望剪刀》，这些书籍，都从不同的角度，比较全面地介绍了安塞黄土风情文化，为人们了解安塞、欣赏安塞、提供了便捷的途经。

摄影艺术有了发展，初步形成了阵容比较乐观的摄影创作群体。他们立足于黄土地，用镜头对准生活，对准陕北的山川、人物和风土，表现了黄土地独具特色的民俗风情文化。相对于文学艺术而言，摄影艺术对于安塞黄土风情的表现，更为广阔，更具地域文化特色。有一批展现黄土风情的摄影作品集出版。谢妮娅出版了《安塞腰鼓》，白小岗出版了《黄天厚土》，刘涛出版了《黄土风情》，谢妮娅、李芹、高明出版了《魅力陕北》，李芹出版了《铿锵腰鼓传心声》，延特伟出版了《安塞记忆》。冯生刚、谢妮娅、郭志东、延特伟、赵万忠、刘涛、白军、李亚东、白小岗、刘殿荣、郝廷俊等一批摄影爱好者的摄影作品在国家、省、市摄影展览中获奖。其中，冯生刚作品《庙会》、郭志东作品《鼓手风采》、刘涛作品《悄悄活》在"中印友好年·陕西文化周"活动中被选入"兵马俑故乡风物展"，并在印度国家美术馆展出。摄影作为一种现代艺术，充分应用光和影的表现手法，展现了安塞的山川之美，民风之盛，对于弘扬安塞黄土风情文化发挥了重要作用。

戏剧和曲艺创作有新收获。民间艺术培训中心编排了一批富有地方特色的小戏、小品和陕北说书，使戏剧和曲艺创作呈现出百花齐放的势头。小戏《贫困状元》《三堂会审卧虎湾》《乡村趣事》，小品《荒唐夫妻》《栽葱卖蒜》《检查检查》《精精与能能》《对酒》《老相好》《承诺》，陕北说书《请咱老革命回延安》《老俩口回故乡》《安塞明天更美好》等一批节目演出后受到好评，并先后参加了陕西省戏剧奖小戏、小品调演，陕西省首届农民戏剧节、陕西省陕北说书优秀展演活动演出，并获多个奖项。

2005年，安塞县编排了大型陕北民歌史诗《信天游》。史诗由序曲《背靠黄河面对着天》、第一乐章《黄土里笑来黄土里哭》、第二乐章《千里雷声万里闪》、第三乐章《山丹丹开花红艳艳》、尾声《信天游永世唱不完》组成，参加了陕西省第四届艺术节演出，获优秀演出奖。2006年，安塞编排了大型陕北风情歌舞《庄稼人》。

美术和书法领域也涌现出了一批新人。薛敏、朱建伟美术作品《沸腾的黄土地》入选"全国第八届工笔画大展暨中国新农村建设成就绘画展"，作品《安塞印象》参加"高原·高原——第三届中国西部美术展中国画年度展"展览。尚书、殷宇鹏的绘画作品也在省级美术比赛中获奖。宋殿勇书法作品多次参加省、市书法作品展览。

　　受新时代新生活的鼓舞,音乐创作者也拿起笔,抒发情感,讴歌时代。郝正文《总书记和咱过大年》、樊高林《腰鼓颂》、殷超《我爱安塞爱不够》、杨占荣《唱一唱咱们王家湾》,以及刘位循、何延生《安塞姑娘山丹丹花》、党永庵《创业的哥哥回来了》《打腰鼓的后生走北京》等原创新歌,既有传统民歌的韵律,又融入了时代元素,记录了安塞人民精神世界的巨大变化。

薛敏、朱建伟工笔画《沸腾的黄土地》

活　动
——传承与弘扬

　　黄河,孕育了中华文明。处于黄河中上游地区的安塞,其深厚的文化积淀,富集的文化资源,是我们民族悠久历史和灿烂辉煌文化的具体呈现地。人类都生活在一定的历史环境之中,是一种历史性的文化存在。因此,只有借助历史和文化传统,人类才能创造性地生存于现在,积极地面向未来。

　　在新的历史时期,随着经济社会的快速发展,文化与经济、与政治日益交融,在

2011 年 7 月,第二届中国安塞黄上风情艺术节暨"舞动延安"大型实景演出

安塞腰鼓参加延安市 2014 年元宵节秧歌汇演

区域经济发展中的作用也更加凸显。安塞立足于优秀文化传统,面向群众、面向基层,创造性地开展了一系列文化活动,满足了人民群众多方面的精神文化需求,彰显了地域文化特色,使传统文化在新的时代背景和文化背景下,焕发出新的活力。

群众性文化活动广泛开展。首先是春节文化活动。岁时风俗,全国各处大致是一样的,但是陕北却似乎更别致一些。陕北人对春节特别重视,这表现在各种风俗活动方面。作为春节文化活动的重头戏,每年的元宵节各地都要举办一些富有特色的文化活动,增添喜庆祥和的气氛。各家各户都挂起了大红灯笼,到处张灯结彩,浓浓的年味笼罩着城乡。人们穿着花花绿绿的鲜艳服装走在街头。这时候,县上会举办元宵节秧歌汇演、灯展、转九曲等一些富有地方特色的文化活动,活跃群众文化生活。有些乡镇村民自发组织秧歌队拜年、沿门子,使一些具有古老民风民俗的文化活动得以流传。

其次是各种大型文化活动。通过比赛的形式,可以有效地发现新人、培养新人。尤其是民间艺术,如民歌比赛、腰鼓比赛、剪纸比赛、民间绘画比赛等,不但促进了艺术的繁荣,同时也能够发现一批新的人才,促进人才更新,激发艺术创造活力。安塞连续举办了三届民歌大赛,还举办了"陕北过大年"全国摄影大赛,首届安塞剪纸大赛,首届民间绘画大赛、腰鼓大赛,连续举办了两届"中国安塞黄土风情文化艺术节"。举办大赛和艺术节,都是对黄土风情文化的挖掘和展示,提高了民间艺术发展水平,促进了艺术创作繁荣。

再次,社会文化活动蓬勃开展。各镇、村成立了群众性文化组织,利用农闲时开展自娱自乐的文化活动。企业、校园、社区建立了各种群众文化队伍,开展多种形式的文化活动,丰富了群众的文化生活。社会文化活动形式自由,乡土特色鲜明,是传承地方特色文化的有效手段。

对外文化交流日益繁荣。民族性是文化的标志,而民族性的根本,则是质朴、本真。安塞的民间文化,由于其浓郁的黄土风情,其蕴含的深厚的文化内涵,被人们所喜爱,引起国内外人民的极大热情。他们热爱安塞民间艺术,钟情于安塞艺术。他们认为不论是安塞腰鼓,还是安塞剪纸、安塞民间绘画、安塞民歌都保留着我们古老民族文化传统中的一些精华。因此,这种张扬着民族文化生命力的优秀民间艺术,不论在什么地域,不论是在给什么民族表演,总是受到人们的极大欢迎。仅就 2010 年以来,安塞就组织参加了陕西省非物质文化遗产节展演、第二十三届山东潍坊节开幕式演出、山东寿光蔬菜节演出、北京首届全国农民艺术节演出、陕西省体育运动会开幕式、上海世博会"陕西周"活动演出、广东省增城市国际旅游节开幕式、云南省昆明市"中国乡村文化艺术节"演出、中央电视台纪念毛泽东讲话发表 70 周年大型文艺晚会《为人民放歌》演出等一系列国内重大文化演出活动 20 余次。

除在国内参加大型文化演出之外,安塞民间艺术还积极参加国外文化交流活动,为增进中国人民与国外人民的友谊,促进中外文化交流做出了贡献。

2010 年春节期间,应新西兰亚太文化交流中心邀请,安塞腰鼓演出访问团赴新西兰进行友好演出访问。2 月 17 日晚,演出访问团在首都惠灵顿新西兰国会进行了文艺演出,新西兰总理约翰基、少数民族和妇女事务部长黄徐毓芳、中国驻新西兰大使张利民观看了演出并接见了访问团全体成员。

2011 年 1 月 29 日,安塞腰鼓表演团赴意大利参加了"中国文化年"2011 年春节巡游活动演出。这是安塞民间艺术继出访德国、泰国、澳大利亚、新西兰之后,又一次重要的对外文化交流活动。为了进一步扩大"中国文化年"影响,弘扬优秀民族文化,中国驻意大利使馆在春节期间,在意各大城市组织华侨华人举办彩妆游行、中国民俗表演等中国民间文艺表演活动。安塞腰鼓在意大利重要城市罗马、米兰、都灵、威尼斯等地参加了演出。

艺术是没有国界的。文化的交流,其目的是交融;交流的结果,推动了文化的多样化,推动了文化的发展和繁荣。互相交融的文化,带来了人类的幸福与和平。

大型陕北民歌史诗《信天游》

鼓乡大舞台系列演出活动

每年的春节文化活动,成为农民群众最为喜爱的文化盛事

搬水船

山地腰鼓

2014 年 6 月,"星光大道·安塞风"演唱会在西安举办

安塞腰鼓在新西兰

安塞腰鼓在意大利

安塞腰鼓参加湖南卫视节目录制

安塞腰鼓参加上海世博会演出

王家湾

陕北的村庄,大都坐落在山坡上。

从青阳岔经卧牛城、大坪、高川溯大理河川道西进,宽阔的川道越来越狭窄,渐渐地,眼前兀立起一座陡峭险峻的砂石山,名为石寨山。从沟底往山上看,山势陡立,甚为绝险。山下有两条小河,一条从东边一个叫榆山的小村子里流过来;一条从西边的银山峁流过来;两条小河在此交汇,名为"双阳河"。

村庄坐落在西边的山坡上,与石寨山隔河而立,依山傍水,地势险要。从地形上看,其东有石寨山为屏障,西有连绵的群山为依托,易守难攻,和井冈山的地形有些相似。

诗人毛泽东骑着马,在春天的黄昏,策马来到王家湾。双阳河水静静地流淌着,晚霞的余辉使石寨山显得更加伟岸。毛泽东一行住进了一个薛姓村民的几孔土窑洞里。窑洞并不大,坐落在村子的半山坡上,坡下就是双阳河。

这个宁静的山村里突然来了好多人,其实也不多,总共就九百人左右,部队分别住在高川、银山峁、城黄梁等离王家湾很近的几个村庄。据说,毛泽东在王家湾居住期间,每天下午,都到榆山的河滩地骑马跑一圈。不知道他骑的是不是那匹漂亮的小青马呢?清凌凌的双阳河水,是否留下了小青马美丽的身影?

在村子的后山坡上,是一片一片土壤比较肥沃的坡地。地里的苦苦菜、野小蒜被采光了。据说,有一天,毛泽东带几个战士在山上散步,发现了一种野菜,他亲自品尝后,觉得这种野菜是可以吃的,于是他们就上山采这种当地人未曾吃过的野菜。这种野菜长得是什么样子,叫什么名称,我们不得而知。如果当时能将这种野菜的名称保存下来,那么今天一定是一道闻名天下的名菜了吧?

　　也就是毛泽东在王家湾居住期间，中国战局发生了重大转折。西北战场取得了羊马河、蟠龙、青化砭战役的胜利，扭转了西北战局。刘邓大军千里挺进大别山，拉开了战略反攻的序幕。孟良崮战役全歼国民党军整编七十四师。东北战场、晋西南战场，每天都有胜利的消息传来。王家湾，让人们看到了中国革命胜利的曙光。

　　这位从湖南韶山走来的诗人，居住在当时中国北方最为偏僻、闭塞的小山村，指挥着全国的解放战争。他喜欢在晚上工作。初夏的夜晚，习习的山风夹杂着野艾苦涩的清香，漂浮在双阳河畔。土窑洞的那盏灯光，如同星斗，在幽蓝的夜空闪烁着光芒。

　　在一个电闪雷鸣的夜晚，毛泽东离开了王家湾。雨哗哗地下着，山路非常泥泞。他们从王家湾村后的山坡上撤离，向天赐湾方向转移。如果没有刘戡追来，或许毛泽东在王家湾住的时间会更长一些吧？不过，这五十八天，也足以让我们深深的铭记了。因为，这短暂的五十八天，留下了太多让我们思考的东西，那就是，小小的王家湾，住着九支队近千人的队伍，敌人近在咫尺却难以找到。这说明在当时，党与人民群众该是怎样的鱼水情深啊！

王家湾新貌

石峡峪

以前,这里是茂密的森林。高原,山川,全被高大的树木所覆盖。远远望去,是绿色的海洋,广袤而辽远。

大自然的每一次演变,总是与人类有关。导致这里的森林环境发生巨大变化的是边民的迁徙,以及战争。最大的一次人口迁徙,是朱元璋把中原的人口,用绳子捆绑在一起,在大槐树下像扔土块一样,把他们扔到北方的荒田、深山和密林之中。于是荒田、深山和密林里有了炊烟,林木急剧减少。向日葵宽大的叶子,被风吹着,在田里摇曳。

另一次,改变森林环境的,或者说,与这块林木有关的人类活动,就是20世纪的民族解放战争了。那时,这里的森林已经很少了。林木的面积,大约与今天相当,只是这些树木,更原始,更古老,更郁郁葱葱。

至少有两个班的战士,潜入了这片密林。向阳的坡面上,挖了几孔土窑洞。浓烟,在密林上空升腾。正是初秋季节,树叶泛着淡淡的金黄色,密林里是一片五彩斑斓的色彩。

我们确切地知道有一名战士,来自四川。他的母亲在他出生六个月后,因贫病交加,离开了人世。他的大哥给地主干活,累死了,他的二哥,沿街乞讨,饿死了。而他的父亲,流落他乡,生死不知。

寂静的夜晚,他想起了他的母亲。他望着密林上空,繁星闪烁。密林的夜晚多么幽静,风,多么轻爽。而星星,又是那么明亮,那么晶莹……

高大的树林中布满了山岗、河谷。走进密林深处,遮天蔽日,看不到天空。树木粗大的枝干,撑起碧绿的叶子,阳光下闪耀着晶亮的光泽。一阵轻风吹过,密林里簌簌作响,空气中弥漫着清新芬芳的气息。如果没有风,密林里非常潮湿。

通向密林的是一条狭长的河道,河道两边是高大的灌木丛。杂草、野花和灌木覆盖了整个河道。清澈的小溪流在灌木丛中流过,沼泽地里长着茂盛的青草。溪流一直从河道里流出,流入远方的大河,河水中漂浮着金黄色的树叶。

他就是从这条河道走进来,进入密林深处的。然而,他永远没有想到的是,他竟再也没有走出这片森林,没有走出这条河道。他留在了这片密林深处,陪伴他的,是茂密的森林,以及森林上空那晶亮的星星。

她的母亲,在他六个月的时候,望着饥饿的、可怜的、无人照顾的他,离开了这个世界。她永远也没有想到29年之后,她的这个苦命的儿子,她的"谷娃子",永远留在了遥远的北方高原的密林深处。

绿色的森林,接纳了来自远方的灵魂,他的精神和生命注定如绿叶一样长青。他牺牲后,有一位伟人,在繁忙的工作中,参加了他的追悼会,并发表了《为人民服务》的著名演讲。他的名字,从此,被人们所熟知,他,就是张思德。

雨,淅淅沥沥。森林里,茂密的树林呈现着生命的绿意,也诉说着生命的沉重。多么幽静,万籁俱寂,仿佛刻意让你倾听大地的心声,历史的心声,以及关于生命的追问。每一位来到这里的人,心灵都会受到巨大的震颤,这是关于生命意义的震颤,以及反思……

魏塔古村落

　　在安塞最南边的楼坪，有两个地方最有名气，一个是张思德同志的牺牲地石峡峪，一个则是魏塔。

　　魏塔，何以有名？在于民风淳朴，具有古村风貌。从楼坪街道下面的小河趟过去，有一条乡间公路，沿公路南行，溪水潺潺，叮咚作响。溪水流过浅草丛，流过茂密的柳树林，在岩石间溅起一朵一朵的浪花。沿溪行约五公里，可见石砌的窑洞，石砌的院墙，一排排错落有致。石头是青一色的青灰石，历经岁月，显得幽深、灰暗，使窑洞呈现出一种宁静美。有些窑洞已经无人居住了,有些依然有村民居住。院落外面的石头墙下,有几棵大柳树,树皮已经裂开,却枝繁叶茂。村落中有一块很大的磨盘,有画家范华的题字"魏塔古村落"。

魏塔村后面是一座很大的环形山。夜晚,便有明月高高挂在上面。翻过环形山,山梁、沟壑,尽收眼前,呈现的是典型的黄土地貌。一日,有几位画家来到这里写生,他们惊叹这里民风淳朴,村落古朴,极具古村特色,是创作写生的好地方。于是,全国各地的画家、摄影家、美术学院的学生,便纷纷来到这里,由此而出现了一批反映魏塔题材的美术作品,如《魏塔的春色》《魏塔的秋》《魏塔窑洞》等等。

魏塔是陕西国画院的创作写生基地,每年,都会有好多画家在这里创作写生。他们来了,就住在老蒋的窑洞里。老蒋忠厚老实,待人热情。有画家喜欢树根,老蒋就扛一把镢头,翻过环形山,见了古旧的老树根就开始挖,黄土在他的脸上堆了厚厚的一层。画家一看,嘿嘿一笑,这正是好素材,于是窑洞、老树、老蒋都画进了画里。台湾有一个女孩,人们都称她小廖。小廖在魏塔住了整整一年。她是画油画的,每天拿着油画架子,还有五颜六色的涂料,跑到魏塔村后沟里画油画。她戴一顶草帽,围着毛巾,脸遮得严严的,整个打扮让人感到很怪异。老蒋说她一个女孩子孤单,便帮着她扛油画架子,站在一旁看她画。时日既久,老蒋也拿画笔开始涂抹。老蒋把自己涂抹的画挂在自家墙上,来了几位画家,看了半天,都说这个画不错,还很有味,问谁画的,旁边的人都说是老蒋画的。于是,老蒋便也成了农民油画家。

这几年村子里居住的人少了,好多青壮年都外出打工去了,村子里便只有老人、妇女和儿童留守。有很多古旧的窑洞不再有人居住,院墙显得破落。有人建议把这些窑洞进行修葺,画家都说,不用不用,只有保持原貌才更古朴。古朴的村落,呈现的是一种乡村自然的美和文化。魏塔,是陕北古村文化的展示。其自然风光、村风、民俗、窑洞式居住环境、生产方式,都是农耕文化的完整呈现。农耕文明下的纯朴村落,如清清的山泉,流淌在高原,流淌在画家们的心灵里。

闯王高迎祥

　　高迎祥(？-1636)，又名如岳，据有关资料考证，他是安塞县王家湾乡高川村人。高迎祥家中世代务农，迫于生计，他贩过私盐，屡被官府加害。他平生仗义疏财，好抱打不平，颇受乡邻拥戴。

　　明朝末年，饥荒连年，陕北尤甚，到处饿殍遍野，民不聊生。明崇祯元年(1628)，府谷人王嘉引首举义旗，一时，陕北农民起义风起云涌。同年，高迎祥率领饥民、军户和驿卒响应王嘉引，在安塞揭竿而起，他的起义军活跃在延安西部和甘肃庆阳一带。明崇祯三年(1630)，高迎祥、王嘉引等各路义军汇合一处，东渡黄河后，先后攻克河曲、保德等县，又回师陕北，攻占神木、府谷一带，声威大震，义军号称20万，曾一度建立农民政权，推举王嘉引为王。明崇祯四年(1631)，延绥镇副总兵曹文诏暗中收买内奸张立位(王嘉引内弟)将王嘉引杀害后，义军首领又推举王自用为王。王自用联合高迎祥、"八大王"张献忠、"曹操"罗汝才、"混世王"武自强、"黑煞神"张宠等三十六寨义军，再次渡过黄河入晋，谋求发展。也就是在这一年，李自成和其侄子李过，率领洛河西川农民义军的残部，投奔在其舅舅高迎祥的帐下。

　　明崇祯五年(1632)，高迎祥、王自用、李自成、马光玉、张献忠攻取河东。他们先是合攻蒲州(今山西永济县)、大宁等城，八月，又攻克大宁、隰州、泽州、寿阳等地，全晋震动。明廷罢免了山西巡抚宋统殷，命许鼎臣督率贺人龙、左良玉两军八千余众进驻平阳；又发宣大总督张宗衡督率张应昌、颇希牧、艾万年合兵七千人围堵汾州，妄图一举歼灭义军。王自用、高迎祥率义军避入磨盘山，兵分三路迎敌。高迎祥主动放弃泽州、寿阳，率部下向南越过太行山，围攻济源、清化、修武、怀庆，然后潜入西山，直捣河北顺德、正定，威逼京畿。此举造成了北京城内的恐慌，朝廷急调兵

111

进剿,高迎祥便率部返回太行山。明崇祯六年(1633)春,义军首领王自用被川将邓玘射杀后,智勇双全的高迎祥被大家推举为王,总领义军各部,他自称"闯王"。六月,高迎祥再出奇兵,翻过太行山,沿摩天岭南下,在河北武安击溃明左良玉军的围追,乘胜袭取怀庆(今河南沁阳)、彰德(治今河南安阳)二府,进攻卫辉府(今河南汲县)。七月,他又与张献忠合兵河北,转战于豫冀间。到了十一月,高迎祥以假降之计贿赂明监军太监杨进朝,作为缓兵之策,在黄河冰封后乘明军不备,偷偷渡河进入河南,攻破渑池、伊阳、卢氏三县,取道豫西山区,一路攻州破县,经河南内乡、湖北枣阳、当阳等地,进入四川境内。朝廷上下惊恐,以陈奇瑜为兵部侍郎,总管山陕、河南、湖广、四川诸省军马,四面包剿夹击义军。义军分四路从河南淅川突围。高迎祥、李自成进入陕西,误入安康车厢峡。时逢大雨,人乏马困,道路泥泞,又有明军前围后堵,高迎祥重金贿赂陈奇瑜左右,又用假降之策骄敌,借用明军服装旗号,率4万余众从栈道突围进入关中,再次化险为夷,随即游击于巩昌、平凉、临洮、凤翔诸府,击败贺人龙、张天礼军,杀固原道台陆梦龙,围攻陇州40余天。待三边总督洪承畴发兵来剿时,高迎祥、李自成又进入终南山以待战机,养精蓄锐以后,他们杀出终南山,攻陷灵宝、氾水、荥阳。听说左良玉军扼守新安、渑池,他们又避其锋芒,转攻梅山、溱水间,中州大地战火熊熊。

明崇祯八年(1635)一月,高迎祥侦知洪承畴与朱大典两路明军合力入豫围剿,便召集各路义军十三家七十二营首领在荥阳开会,商讨迎敌之策。李自成建议说:"义军十六万众,官兵奈何不得,我军应分兵出击,使其首尾不能相顾。"于是高迎祥、李自成、张献忠一路挥兵东进,破霍丘,攻寿州,斩颍州知州尹梦龙、州判赵士宽、卸任尚书张鹤鸣等,乘胜取朱元璋老巢凤阳,焚朱氏皇陵,杀守陵官军朱相国、袁瑞征、吕承荫和凤阳知府颜容宣等,释放牢中囚犯,此举使民心大快,威震两淮。崇祯皇帝闻讯,"几欲惊死,素服避殿,哭告祖庙",迁怒于凤阳巡抚杨一鹤,将其斩首弃市。到了四月,高迎祥、李自成便西进归德,与罗汝才(浑号"曹操",宜川县人)、张天林(号"过天星")等部会合,挥师回陕。五月,20万义军会师陕西,直逼西安,连营五十里。洪承畴、曹文诏据西安城死守,义军遂西攻平凉,设伏宁州湫头镇,诱杀明将曹文诏、艾万年两员大将。七月,回攻西安未克,又转攻武功、扶风、岐山等县。九月,迎祥、自成、献忠合兵,与洪承畴大战于关中,义军失利。张献忠率部出潼关,分十三营东进入豫,高迎祥、李自成与明军大战于渭南、临潼、华阴,在南原绝岭失利后,出朱阳关。十一月,高迎祥、李自成、张献忠会师河南闵乡,合攻左良玉军,进取陕州,直逼洛阳,攻占光山霍丘后,又向江北挺进。

明崇祯九年(1636)一月,高迎祥、李自成攻庐州,取含山、和州,杀知州黎宏业

王家湾高川村崖窑

等,继而围攻滁州,与湖广巡抚卢象升、总兵祖宽等激战于朱龙桥,杀得血染滁河,尸陈遍野,复攻寿州不克后,乃西入归德。二月,他们又攻河南密县,攻克登州,杀明将汤九州,又进军邓州、郧县。三月,高迎祥与李自成分兵,高迎祥率部进入湖北西部。七月,高迎祥回兵陕南,挥师长驱西安,义军行至周至县黑水峪时,遭到陕西巡抚孙传庭伏击,高迎祥不幸被俘,押送京师后坚贞不屈,英勇就义,其残部归于李自成。从此,李自成继承"闯王"名号,继续与明军作战,最终推翻了明朝统治。

高迎祥是明末农民起义的杰出领袖之一,近十年间驰骋于陕、晋、豫、皖、湖广大地区,身经百战,为大顺政权的建立,奠定了坚实的基础。

近现代文化名人与安塞

　　安塞独特的黄土风情文化,吸引了不少游客,同时,也吸引了一大批文化艺术界的知名人士前来考察、创作、采风。他们都对安塞民间文化情有独钟,安塞也因他们的到来而增添了别样的色彩。下面粗略介绍几位艺术家与安塞的点滴片段。

王　蒙

　　"生女子,要巧的,石榴牡丹冒铰的。"他不住地念着这句流传于安塞,赞美陕北女子心灵手巧的乡谚。

　　2004 年夏天, 正是大地披绿的季节, 著名作家王蒙来到了安塞。他穿着一件白色短袖,看上去精神饱满,很有诗人气质。虽然他是作家,不是诗人,但是他身上具有诗人的浪漫情调。他认真地看着县文化文物馆展厅的每一件展品,无论是民间绘画,

王蒙(左二)在安塞县文化文物馆参观

114

还是剪纸，他都看的非常仔细。显然，他被这博大深厚的民间文化所吸引，才反复地说着那句乡谚。

王蒙是河北省南皮县人，1934年出生。曾任文化部部长，中国作家协会副主席。他1956年发表的中短篇小说《组织部来了个年轻人》是当年"干预生活"思潮的代表作。他是当代富于探索精神且多产的作家之一，其代表作《最宝贵的》《悠悠寸草心》《春之声》《蝴蝶》《相见时难》曾分别获全国优秀中、短篇小说奖。"在当代中国文坛，王蒙是取得卓越成就的作家。"《中国当代文学》一书这样评价他。

在民间艺术大师高金爱的剪纸作品《艾虎》前，王蒙伫立良久。高金爱擅长剪老虎，她剪的老虎头很大，她说这样剪出的老虎可爱、威风。当解说员这样解说时，王蒙不住地点头。他又一次说"生女子，要巧的，石榴牡丹冒铰的"。他说的这个"冒"字，就是艺术的自然流露。虽然是"冒铰的"，可这些剪纸作品却又具有深厚的文化内涵，说明心灵手巧的陕北妇女，对美的追求和认识，能通过剪纸的形式给予充分表达。

参观完安塞县文化文物馆，王蒙就乘车离开了安塞。行前，县上请他题个字，他不假思索，即兴挥毫"甚可观"。

刘文西

一踏上安塞的土地，刘文西就激动不已。

他的脸上洋溢着灿烂的笑容，他的心就像沸腾的黄土地那样激情澎湃。这位著名的画家，他的心和黄土融在了一起。

刘文西(右一)与腰鼓表演艺术家曹怀荣

在西河口三王河村，黄土飞扬，一群茂腾腾的陕北后生挥舞着彩绸，在黄土山梁上打起了腰鼓，像黄河水从黄土山梁上滚过，一泻千里。刘文西不让人搀扶他。他拿着照相机，一会儿蹲下去近拍，一会儿站起来，跑到远处拍，飞扬的黄土粒溅了他一身。他兴致极高，似乎永远也不觉得累。在表演结束后，好多腰鼓手争着和他照相，他都一一答应。他是那么高兴，站在腰鼓手中间，他好像忘记了一切。

他拉住老腰鼓艺术家曹怀荣的手，亲热地拉起了家常。曹怀荣1950年在天安门广场给毛泽东、刘少奇、周恩来、朱德等老一辈领导人表演过腰鼓。刘文西每次来安塞，都要见他。老人飘着花白的胡子，典型的陕北老农形象，脸上的层层皱纹，好像黄土地的褶皱。在创作《安塞腰鼓》长卷时，这位老人走进了刘文西的画卷。

浓郁的黄土风情吸引着刘文西。早在2004年，安塞举办"陕北五月天"大型摄影活动时，刘文西就带领着黄土画派的画家来安塞采风。之后，安塞县陆续举办了"陕北剪纸大赛""安塞腰鼓大赛""大型山地腰鼓表演"以及"陕北过大年"等一系列大型文化活动。悠扬动听的信天游，火红的窗花，欢快的陕北大秧歌，使陕北的正月天弥漫着迷人的气息。艺术的热土，一旦与新的时代、新的生活相碰撞，其绽放的艺术之花是多彩的、迷人的。何况，这块土地的文化积淀又是如此深厚。每一位来到这里的艺术家，都会在激动之余，获得艺术上的启迪与思索。刘文西一次又一次来到安塞。他沉醉了，沉醉于安塞的山山水水，沉醉于淳朴的黄土风情文化。

深入生活，深入人民，始终是刘文西艺术创作所遵循的准则。几十年来，他先后60多次深入陕北写生，和陕北这块土地有了深厚的感情。《毛主席与牧羊人》《转战陕北》等反映陕北革命历史的画作，更使他成为用画笔记录历史的人民画家。

人民需要艺术，艺术更需要人民。刘文西笔下的安塞，是一个充满魅力的多彩天地。他创作了好多以安塞黄土风情文化为主题的美术作品，尤其是安塞腰鼓，他更是倾注了很大的热情予以表现。用画笔表现新时代黄土地人民的生活，是他的一贯主张。他的艺术之根，始终在黄土地。

陈忠实

2004年7月，盛夏时节，作家陈忠实、张锲、莫伸、刘震云一行来到了安塞。他们都是中国当代文坛具有影响力的作家。张锲出生于1933年，安徽寿县人，时任中国作家协会副主席，其报告文学《热流》《在地球的那一边》获全国优秀报告文学奖。莫伸是陕西省作家协会副主席，其小说《窗口》于1978年获全国优秀短篇小说奖。刘震云是河南省延津县人，系中国人民大学文学院教授，其小说《一地鸡毛》《温故一九四二》颇受好评，长篇小说《一句顶一万句》于2011年获第八届茅盾文学奖。陈忠实时任陕西省作家协会主席，中国作家协会副主席。1998年，他的长篇小说《白鹿

陈忠实(左一)与本书编著者米宏清合影

原》获第四届茅盾文学奖,使他成为中国当代最著名的作家之一。

几位作家专注地考察着安塞的民间文化艺术。在刚刚建成开放的安塞腰鼓展厅,他们看的尤其认真,并不时向讲解员提出问题。讲解员介绍,安塞腰鼓距今已有两千多年的历史,1989年,安塞县招安乡出土了安塞腰鼓宋代画像砖,这说明,安塞腰鼓早在宋代就已经成为陕北非常普遍的民间文化活动。作家们兴趣甚浓,激动地相互交流着对安塞民间艺术的观感。相对于其他艺术家而言,作家对生活的观察,更加细致,也更加敏锐,更加独到。在参观还没有结束的时候,只见陈忠实一个人离开展厅,点燃一根雪茄,狠狠地抽着,陷入深深的思考。徐徐升腾的烟雾中,他的思绪也许是回到了白鹿原,回到了对中国传统文化的思考之中。安塞是中华民族农耕文化与草原文化的交汇地带,而他笔下的白嘉轩,正是在中国儒家文化熏陶下成长起来的典型代表人物。

参观结束后,陈忠实欣然题字"黄土韵,高原风"。

邵　华

人们知道邵华,首先是因为她是伟人毛泽东的儿媳。

邵华1938年出生于延安。1960年与毛岸青结婚。20世纪50年代初,为了将与毛主席在一起的难忘时刻永远留住,她用一台毛岸英从苏联带回的老式相机为毛主席拍照,开始学习摄影,并从此喜欢上了摄影。除摄影外,她还喜欢文学,其散文《我们爱韶山的红杜鹃》被选入中学课本。她出版有散文集《红杜鹃》,并主编《中国出了个毛泽东》丛书,生前为中国摄影家协会主席。

秋天的陕北,大地一片斑斓,田野里飘着五谷成熟的清香,这是陕北最美丽的季节。邵华饶有兴趣地来到剪纸艺术家侯雪昭家里,欣赏侯雪昭的剪纸作品,仔细

　　了解候雪昭的生活与创作情况。作为从战火硝烟中走过来的女将军,她对女性的自由,寄予了无限的期望和关注。从侯雪昭的剪纸和绘画作品里,她了解到了当代陕北女性自由而幸福的生活,了解到她们能够用画笔描绘美好的生活,抒写幸福人生,邵华因此感到欣慰。

　　在边墙店房滩山上,县上为邵华举办了一场山地腰鼓表演。早在延安时期,她就演过《兄妹开荒》,扭过秧歌,她对陕北民间艺术是非常熟悉,非常热爱的。这次亲眼目睹安塞腰鼓的风采,她更是兴奋不已。她骑着一头毛驴来到了山上。蓝天、白云、沸腾的黄土。她抱着照相机,不停地在腰鼓手中间穿梭、奔跑。后来,她的一批安塞腰鼓摄影作品先后在《中国摄影报》《人民摄影报》发表了,这对于安塞文化是很大的宣传。2004 年,中国摄影家协会有近百名摄影家来安塞进行创作采风,这与她的积极宣传和推动是分不开的。

邵华(左一)与陕北说书艺术家解民生

安塞十景

民国初年,安塞县续修县志。时人题刊十景于石坊,树之新乐山坳,乃"安塞十景"。邑人郭超群按题分咏,并注浅解。"安塞十景"具有很浓的人文色彩,也赋予安塞这块土地深厚的文化内涵。

秦城访古

高奴故城在安塞县北八十五里,倚山为城,秦翟王董翳国此,汉高祖破以县之,此为境内城堡之最古者,土人至今往往掘地得铜铁石凿,饮马故道尚存。

古城何岩峣,秦王国在兹。

汉高破为县,匈奴自退之。

石凿饮马道,铜铁获亦奇。

屈指二千载,悠悠我心思。

唐寺晓钟

香林寺在安塞县南洛河川一百二十里,唐开元二年(714)建,山势陡峻,怪石悬崖,古柏森然。五六月间,凉风逼人。明末清初,邑进士礼部主事郭指南读书其上,镌其曲曰"山之阿",为县境创修寺院之首。

> 唐建香林寺,至今柏森然。
> 先祖读书处,山阿字尚镌。
> 怪石嶙峋立,临风欲上天。
> 钟鸣漏已尽,始识白云巅。

石门夜月

石门山在安塞县西南洛河川一百二十里,两山壁立如门,洛水经其下,山高川隐,夜半始得见月。

> 两山排闼立,石门如削成。
> 洛水从东下,万夫莫抗衡。
> 巉岩澄夜气,翠微露月明。
> 唐宋争胜地,天险古今名。

剑匣秋风

剑匣寺在安塞县北五十里,古洞临崖,院宇幽胜,考碑记唐太宗偕李靖领兵征北番,过高奴,抵龙安,射蟒入石罅,挽其尾,化为剑。宋元祐年间建寺于此,迄今洞口仍有秋风凛冽之气,令人感慨不已。

> 龙安称盛事,剑气化太冲。
> 芙蓉出匣日,从兹销兵戎。
> 古洞临崖际,凛冽似秋风。
> 策马凭吊处,勒石早纪功。

桃花流谷

桃花谷在安塞县南敷政古城东。冬月有桃花流出谷,人莫知其所自。

避秦寻无地,桃源难问津。
此花何处种,经冬不染尘。
绛雪随流水,红云满洛滨。
谷中声汩汩,疑是武陵春。

椒蒿行云

椒蒿山在安塞县西北百余里,远望时有云气流出,人多奇之。

椒蒿山何在,西北百余里。
行云流不住,瑞气霭青虚。
地灵原无异,人杰亦复初。
触石连翻起,底事太史书。

龙潭灵雨

龙潭井在安塞县西南二十里,潭深水清,四时不竭,祷雨灵应。

潭深水更清,有龙辄效灵。
精诚通帝座,何愁野无青。
漫说桑林祷,休夸喜雨亭。
甘霖歌既足,诗人咏其零。

翟泉夏冰

翟王泉在安塞县天泽山上,为秦翟王董翳所凿,其水清凉沁骨,至首夏犹有结冰未解,邑人于伏中多饮此水以消暑气。

天泽山坳里,翟王一古泉。
约计开凿日,遥遥二千年。
首夏冰未泮,清凉沁无边。
古今避暑客,谁投饮马钱?

芦关踏雪

芦子关在安塞县北一百五十里,有土门山,两崖峙立如门形,如葫芦,故谓之芦子。北控沙漠,峻岭雪积,昔名流过此,多有题咏。

芦关居塞要,北连沙漠边。
阴山横其背,积雪岗峦巅。
骑驴寻梅者,推敲访明贤。
鸿爪留印迹,坐寒五夜毡。

花庄赏春

花庄在敷政古城内,春月牡丹满山谷,唐杜甫游此所植。

工部来游地,牡丹遍山庄。
品原夸富贵,魏紫偕姚黄。
国色人争美,我亦拜花王。
三春寻芳日,到处赏天香。

对外开放的人文景点

秦直道遗址

秦直道,陕北俗称"皇上路""圣人条",是秦始皇在公元前212年至公元前210年之间命蒙恬监修的一条重要军事道路。秦直道南起京都咸阳军事要地云阳林光宫(今淳化县梁武帝村),北至九原郡(今内蒙古包头市西南孟家湾村),穿越14个县,全长700多千米,路面最宽处约60米,一般亦有20米。秦直道在历史上占有重要地位。

秦直道由志丹县杏河镇曹老庄村北关道山进入安塞县王窑乡境内后,即下山,经圆峁、北台、草圈台,过杏子河支流岔路川,又经后凌湾,在枣树阳湾上山,经堡子山、阳山湾、桃嘴崾岭、卧虎湾、圣人条等地,进入化子坪乡红花园。这一段直道由于

123

水土流失严重,路面多被冲成沟壑状,但走向清稀可辨。保存较好的是堡子山南侧一段,路面残宽 10~25 米。出王窑乡圣人条后,直道经红花园、白家畔、扣腰岭、杀人嵝岭、七墕地腰岭、同沟等地,过延河支流新庄沟,在新庄沟北岸的河西沟以西分为东、西两条线路。东边一条经哈巴腰岭到达冯岔村,路线较直,但坡度较大。西边一条经阳曲梁村,沿着延河西岸二级台地向北延伸,经徐家坪进入镰刀湾境内。化子坪乡境内秦直道长约 30 千米,河西沟以南一段直道路面保存比较好,杀人嵝岭一段修凿的垭口宽 55 米,一般路面宽 18~30 米。由徐家坪北上进入镰刀湾乡境内后,直道仍沿着延河西岸二级台地延伸,在罗居村南过延河,沿着张家沟西侧台地北上,经石窑滩、康家河等地达鸦行山。穿过鸦行山后,直道在王家乡黄草塔村西北拐一个弯,复入镰刀湾乡境内,经宋家洼,在宋家洼东北和王家湾乡丁嘴梁西北处复入王家湾境内,继续向北延伸,进入靖边县小河乡郑石湾村境内。

秦直道被认为是可与秦兵马俑和长城相媲美的伟大工程,是秦国修的一条重要"高速公路",对研究我国秦朝时期的军事防御以及经济社会具有重要价值。2003年,秦直道遗址(安塞段)被陕西省人民政府公布为省级重点文物保护单位。2006年6月,秦直道遗址被国务院公布为全国重点文物保护单位。

大佛寺石窟

大佛寺石窟是安塞县较为著名的佛教建筑,经过维修,现已对外开放。

大佛寺石窟,原名崇庆禅寺,位于安塞县城郊真武洞镇滴水沟村东西麓山岩之上,坐东向西有 4 孔石窟,自南向北沿山脚"一"字摆开。1980—1982年,主窟大佛被群众自发清理发掘。1992 年修建保护大殿并进行管理。2003 年,在对庙宇进行修建时,又在主窟北侧发现一窟,2005 年修建保护大殿。2007 年 7 月,庙会组织修建时又在主窟两侧发现1号、2 号石窟。

1 号窟位于主窟南侧,窟外壁和窟内四壁均开有大小不等的佛龛。窟

大佛寺石窟外景

外壁门楣上方原有3龛,造像头部、身体风化严重,仅裙裾下摆保存较好,且裙裾几乎覆盖整个台座。窟门两侧各雕一尊天王造像,均着长袍,衣服下摆随风飘起。其中左侧(北)天王造像已残,右侧(南)天王造像保存比较完整。两天王足下各有一只护法狮子,已严重风化。外壁左侧(北)残存十余龛,为单佛、一佛二弟子(或二菩萨)组合,下部有一对护法狮子背向蹲踞。外壁右侧(南)有16个小龛,为单身一铺。窟内正壁(东)原有5龛,主尊佛龛居中,佛像面目及衣饰已不可辨。主尊左右两侧各有两龛,上下排列,均风化严重。窟内左壁(北)靠内侧一龛似为释迦多宝对坐像,一尊造像头手均残失,另一尊造像头失,衣饰纹尚可辨,龛楣呈桃形。左壁(北)靠外侧造像分为两段,上段雕佛传故事,佛居中,侧身伸手作阻挡状。佛对面一人似从天而下,作拉弓射箭状,甚为生动。还有一人手持长矛作刺杀状,一人手举铁斧。佛身后有一胁侍和一只虎,作惊恐状,似为佛传故事中的《割肉饲虎》故事。下段为3龛,靠释迦多宝对坐龛的为单身坐佛,龛楣饰火纹,呈桃形。佛为高肉髻,面庞方圆,着双领下垂式褒衣,袒胸,衣领垂至腹部,头部已严重风化,面目不可辨,双手前伸,已残,手势不明。佛结跏趺坐于佛台之上,裙裾下摆覆盖整个台座,以半镂空手法装饰,呈蜂窝状,有明显的西魏造像特征。佛右手一侧有两龛,上下排列。上龛为一胡人形象的武士,右手持长剑,怒目而立,身后为一女子,头束双抓髻,着中衣长裤,双

125

手抓住武士衣袖,似为拉拽阻拦状。此龛与窟前壁的持盾武士像构成一幅图,似有"放下屠刀,立地成佛"的寓意。下边的一龛为3尊女供养人,均束双抓髻,身着双领下垂式长衣,拱手持团扇,向佛而立,与前壁同排的一龛3尊供养人构成《礼佛图》。

窟内右壁(南)存4龛。靠窟门一侧上段并列两龛。外龛为思维菩萨造像,菩提树下,菩萨束高发冠,着双领下垂式褒衣,裙裾下摆垂地,倚坐,右腿架于左腿之上,左手抚足腕,右手拄膝弯曲上举,手指面部,作思考状,神态安祥沉稳,姿态十分优美。下段龛雕两组菩萨立像。外侧一组保存较好,菩萨均头束高发冠,着双领下垂式褒衣,衣领呈"V"字形,一尊造像右手已残,左手似持串珠;另一尊造像面目及衣纹不清,手势不明。两菩萨相向而立,似作交谈状。内龛佛头部及衣饰风化严重,仅存造像轮廓。靠后壁一侧一龛内两尊菩萨造像已漫漶不清。

由于靠近窟口,前壁比较干燥,通风条件较好,造像保存基本完好,内容丰富,图案优美,是该龛造像的精华所在,分布在窟口门楣上方和两侧。门楣上方浅雕一组《佛本生故事》,自北向南横列,依次为《佛诞图》:高大的菩提树下,佛母摩耶夫人头束双抓髻,身着褒衣博袖大衣,双领下垂呈"V"字形,右手抓拽树枝,双目紧闭,宽大的衣袖垂至膝部,袖口有悉达多太子的头像。佛母身后有一侍女,装束略同于佛母,腿部因石壁穿洞,已不可辨。侍女紧紧抓住佛母的手,似在助产。造像以写实的手法,把佛诞生的情景刻画得十分生动。《七步莲花图》:表现悉达多太子诞生后,走了七步,足生莲花的情景。太子全身仅着三角短裤,身后有背光,一手指天,一手指地,似说"天上地上,唯我独尊"。《九龙浴佛图》:表现两条无鳞赤龙身躯,九个龙头,构成一个拱形,太子全身赤裸,双手下垂而立,接受九龙沐浴。接着,佛母手托浴后的太子凝神端详,一侍者相向而立。《驾羊车出行图》:表现悉达多太子及侍从坐着羊车出行游学的情景。其下为一高大的菩萨立像,头束高发冠,横插发簪,褒衣博带,衣领下垂至腹部打结,衣带下垂飘起,着长裙,下摆呈"八"字叉开。右手上举至胸,左手指地,双足似作行走状,表现释迦牟尼成佛前行走游学的艰苦情景。其身后有高大的背光几乎笼罩全身,造像高近3米,与窟口高度相近。前壁窟口北侧上段雕一跪状持盾武士,与北壁的持剑武士相呼应。中段为3尊男供养人造像,均着褒衣,手持节仗,拱手侧身朝窟门,与北壁3尊女供养人相背而立,构成一幅佛图。下段雕一护法蹲狮。窟顶藻井保存状况较好。正中为一团龙,双环弧内雕连珠纹,外为菊花瓣环绕。藻井东北角有一图案似为团凤纹,北侧为羽人驭龙图案,龙前方雕一持幡使者。西南角似为一组飞天或太阳,南边有一造像,头已残,人身蛇尾,身体卷曲,双手捧日轮,作飞翔状。北侧一人着贴身纱衣,亦作飞翔状,与捧日轮者相向而飞,姿态优美。

　　大佛寺已发现的各个石窟造像,其风格、技法、造像题材及组合,均十分接近,应为同一时期所凿。大佛寺石窟是陕北现存最早的石窟寺之一。主窟的大佛高达 6 米多,是陕北地区最大的石造像。其凿造时代,在北魏晚期至西魏。造像线条流畅,神情生动,姿态十分优美,其中的思维菩萨、佛本生故事画等雕像,堪称古代雕塑中的精品,具有重要的艺术价值和历史文化价值。

中央军委二局纪念馆

　　中央军委二局纪念馆于 2010 年 5 月建成,是国内唯一一个反映人民军队情报斗争的纪念馆。中央军委二局是革命战争年代党和人民军队重要的技术侦察情报部门,是毛泽东、朱德等老一辈革命家在江西苏区亲手创建的。1938 年 11 月 19 日,中央军委二局迁至安塞县沿河湾镇碟子沟和黄崖根两个村庄,从此在安塞生活战斗了近 10 年时间,为中国革命胜利作出了巨大贡献,当时的局长为曾希圣。早在 1931 年底,中央军委就成立了专门的情报部门——中央军委二局。二局的成立对红军的战略转移起到了至关重要的作用,毛泽东曾说:"没有二局,长征是难以想像的;有了二局,我们就像打着灯笼走夜路。"中央军委二局安塞旧址修复工程于 2008 年 7 月启动,2009 年 5 月动工维修,2010 年 5 月 6 日举行了修复落成典礼。原中央军委副主席张万年上将亲笔题写了"军委二局安塞纪念馆"几个大字。

　　中央军委二局纪念馆有展厅 1 个,窑洞 10 孔,已成为重要的红色旅游基地。

2012年，时任县委书记程引弟(左四)与县委副书记、政府县长吴聪聪(左三)一起听取文体广电局局长牛进益(左二)关于腰鼓山景区和真武洞祝捷大会旧址建设保护规划

真武洞祝捷大会旧址

旧址位于安塞县城。1947年3月18日，毛泽东、周恩来率中共中央机关主动撤离延安，开始转战陕北。从3月25日至5月4日，西北野战军在陕甘宁边区地方游击队和人民群众的密切配合下，先后取得青化砭、羊马河、蟠龙三次战役的胜利。5月14日，周恩来在西北野战军司令员兼政委彭德怀，中共中央西北局书记、西北野战军副政委习仲勋和安塞县县委书记贺兴旺等人陪同下，来到真武洞马王庙滩，出席有5万军民参加的三战三捷庆祝大会。周恩来在讲话中宣布，中共中央和毛泽东主席撤离延安后，一直留在陕北，与边区全体军民共同战斗。在祝捷大会开始前，周恩来还检阅了西北野战军主力部队和地方部队、民兵游击队。真武洞祝捷大会是解放战争时期举行的一次重要大会。根据中华民国三十六年(1947)《边区群众报》报道，此次大会上，周恩来、彭德怀、习仲勋分别发表了讲话。

王家湾革命旧址

　　王家湾革命旧址位于王家湾社区。旧址平面呈长方形,东西长约 21.5 米,南北宽约 12.5 米,由三孔窑洞与一栋房屋组成。窑洞由东向西"一"字排开,西侧窑洞为一个连体窑洞,由两个主窑洞和一个侧室组成。窑洞面阔 2.45 米,高 3 米,进深 6 米,门高 1.75 米,南侧的房屋为警卫员住处。1947 年 4 月 13 日至 6 月 8 日,毛泽东、周恩来、任弼时率中共中央机关转战陕北时在此居住。其间,毛泽东发出了《关于西北战场的作战方针》的电报,起草了《蒋介石政府已处在全民的包围中》等文章。毛泽东、周恩来、任弼时在这里指挥了羊马河、蟠龙战役,并部署了全国其他战场上的战役。2012 年,安塞县人民政府对旧址进行了维修,并新建了陈列室。陈列室面积200 平方米,重点展示了党中央、毛泽东在转战陕北期间的生活和工作情况。旧址是中共中央转战陕北期间具有重要意义的历史见证。

2008 年,王家湾革命旧址被陕西省人民政府公布为省级重点文物保护单位。

王家湾革命旧址

塞芦子关

杜 甫(唐)

五城何迢迢,迢迢隔河水。　　　　焉得一万人,疾驱塞芦子。
边兵尽东征,城内空荆杞。　　　　岐有薛大夫,旁制山贼起。
思明割怀卫,秀岩西未已。　　　　近闻昆戎徒,为退三百里。
迥略大荒来,崝函盖虚尔。　　　　芦关扼两寇,深意实在此。
延州秦北户,关防犹可倚。　　　　谁能啣帝阍,兵行速如鬼。

万寿寺

周 赐(邑令 四川举人)

琢就云根半壁开,四围风景类蓬莱。　　　洞户有天悬日月,禅关无地着尘埃。
延河逝水黄河合,南寺钟声北寺回。　　　遥遥边塞关山祝,欲跨飞凫谒上台。

宝山寺看牡丹分韵

马懋才(邑人 乙丑进士)

紫艳曾闻眝魏家,　　　　给孤园里风光好,
而今移种向天涯。　　　　疑是谈经口吐花。

九月游云台观偕友醉饮

孙大儒(邑令　乙丑进士)

孤峰特出乱山围,峭拂天风曙色飞。　　灵分北岳屏延镇,水注西川绕塞畿。
九月霜严豺虎净,三秋阳曝菊花肥。　　此日登临争健足,绛囊不紧醉翁衣。

云间寺读书

赵廷锡(明　进士)

勒辔访幽径,山深野路迷。　　寺远闻经语,天空听鸟啼。
踏水凌古蹬,印雪过清溪。　　高僧来接引,得遂白云栖。

和孙明府九月登云台观韵

韩甲京(邑人)

山城高耸水重围,龙首秋云木叶飞。　　茱萸共佩瞻枫陛,蓠菊将开遍海畿。
共说霜天鹰眼疾,却思江上蟹螯肥。　　此日山头人尽醉,岚光欲系使君衣。

游龙头观

韩一识(邑人)

东风吹柳带轻寒,联步离峰古径跚。　　门含云气关河溢,座绕炉烟法界宽。
危礁俯空疑虎踞,奇松倚涧似龙蟠。　　到此已空尘世想,不须方外觅金丹。

夜　坐

郭指南(邑人　进士)

老树风声当夜急,高天星斗更分明。　　半世诗书空踯躅,一生意气任纵横。
轰轰潮响来孤幌,唧唧虫鸣傍短檠。　　臣心自矢真如水,疏放何伤吏隐名。

移黄家崖白牡丹栽种公廨

叶星文(清　邑令)

牡丹本富贵,魏紫与姚黄。　　　　年年锄荆棘,莫使三径荒。
谁养素萼自,丛丛倚山庄。　　　　根深叶并茂,群卉拜花王。
我爱素富贵,清洁散天香。　　　　后人多爱惜,遗爱比甘棠。
移来黄家崖,栽种鸣琴堂。　　　　永久不凋零,福寿日月长。
从兹勤灌溉,护持勿翦伤。

署中大桃赠友人

前　人

桃是何年种,此处出仙苗?　　　果大多且旨,疑自降碧宵。
树依讼庭旁,花开何夭夭。　　　摘来赠良朋,不求报琼瑶。
根深叶茂盛,结实总寥寥。　　　但愿同甘苦,助寿共松乔。
独为我爱惜,硕果大如瓢。

九日登新乐寨与诸生论诗

郭超群(邑人)

此山何苍凉,无酒过重阳。　　　关心诸弟子,考业乐同堂。
岗崖放野菊,可赏晚节香。　　　叨陪鲤也对,诗学自此昌。
幸有达人至,还能话衷肠。　　　烹茶看蟹眼,推敲漫商量。
促膝谈道义,正襟论诗章。　　　枉屈长者驾,蓬荜大增光。

安塞山行

叶　珍(清)

策马才过延安滨,又随雕鹗入重云。　　　去鸟影连苍霭没,飞流响遏绛云闻。
回峰路似肠千折,绝望入垂足二分。　　　登高频觅惊人句,回首雕阴已夕曛。

寒 塞

贺熙龄(清)

万马踏云黄,关城落日苍。　　　　　百丈山堆雪,三更甲有霜。
河冰连地合,沙阵压天长。　　　　　太平军士乐,呼醉卧边场。

万寿寺明如上人还原塔

白呈耀(清)

麈盖登仙府,笙歌入紫堂。　　　　　禅证青莲洁,性灵白日光。
扫坛天地肃,授简鬼神庄。　　　　　自从跨鹤去,法海尽茫茫。

登万寿楼

邹锡彤(清)

层峦耸立势飘然,石蹬纡徐瞩远天。　　玉树萧森再历秋,闲来倚遍阑干头。
万境还归心上印,几人参破洞中禅?　　座中诗酒同人我,詹外山河自峙流。
抟飞寒岭秋风劲,日在槐阴午照圆。　　钟磬徐闻诸品静,客心远寄白云浮。
为语往来车马客,好澄俗念访金田。　　谈经好待松门月,适兴如随惠远游。

署中夜坐遣怀

前 人

青门十载几奔驰,揽镜羞看两鬓丝。　　林逋梅鹤频虚约,张翰莼鲈久系思。
无补清时嗟已晚,负惭民社悔俱迟。　　默默深宵谁共语,孤灯还许我心知。

安塞故城

杨元焕(中华民国　县知事)

万山环峙一孤城,　　　　　　天泽临依形更险,
二水潆流不断声。　　　　　　道通银夏古金明。

重九登新乐寨

吉秋农(中华民国　县知事)

健步登新乐,秋高爽气多。　　　话雨三生幸,临风一放歌。
胸怀犹鼓荡,发种奈蹉跎。　　　龙山今日会,明岁又如何?

安塞小吃录

师银笙

　　安塞的饭食如果用"系"来划分,属于陕北饭系列。陕北饭虽然都姓"秦",但和以关中为代表的关中饭却迥异。秦饭以辣著称,陕北饭在"辣"的方面逊色了五六分。比起关中来,却吃得更"野"、更实惠,饭食沾染了游牧民族的不少特色。这里就信笔记录下安塞几种名小吃。

炖羊肉

　　提起羊肉,国人们首先垂涎的是西安羊肉泡。可安塞人对此不屑一顾。他们说那饭完全是浆糊,在碗里拨拉来拨拉去,就有几根粉丝,要找肉,也只一两片,吃完后撇撇嘴:"不过瘾! 不过瘾!"

　　安塞人喜欢的是安塞炖羊肉。

　　他们用大海碗吃肉,不是吃一碗,而是两碗、三碗,一些南方人看了会目瞪口呆。

　　宋代大诗人苏轼曾说:"秦烹惟羊羹。"我猜想这位四川才子是品尝陕北也许是安塞炖羊肉后才说的。

　　安塞炖羊肉吃起来粗野,做工却精细。羊宰杀后剥去皮,连骨头剁成寸长的块。对一些较粗的腿骨,还要用利刃破开。陕北人常说"猪的骨头羊的髓",羊髓是高级营养,一定要煮进汤中。讲究的家户,先把羊肉块在滚水中紧一紧,再和骨头一起放在锅里煮开,撇去浮沫,然后放进葱、辣椒、少许绿豆、花椒等作料。要让羊肉香,还可放一些陕北特有的地椒粉,一下子就把羊肉的味提起来了。(地椒是一种野草,唯在安塞、志丹、吴起一带遍地都是,是天然作料,放牧的羊吃了这种草,就没有膻味。）煮滚的汤再不能换，叫原汁原味，然后盖住锅慢火去炖。待煮熟后，用大海碗连肉、骨和汤一起盛了，那肉又绵又烂，一抖擞从骨头上掉下来，放上葱花、香菜，喜食辣椒的再调些油泼辣子，一碗香、鲜、美的炖羊肉就做成了。你可泡饼子吃，也可把面条捞进碗中。多少次我陪南方的朋友去品尝，开始他们对这种吃法不可思议，但闻到满桌香味扑鼻，禁不住动起筷子，一吃竟情不自禁，连啗几次："以后来安塞，你只此一饭足矣！"还坚持认为，这饭食肯定是过去边防将士的发明，常年生活在野外，抓住羊连骨带肉炖了吃。据专家考证，炖羊肉属于滋补身体的上等佳品，陕北坐月子的妇女都是要食用这种羊汤的，吃后红光满面、精力渐旺，很快恢复了元气。

荞面饸饹

陕北民歌中有这样的歌："荞面饸饹羊腥汤，死死活活相跟上。"这歌表达了对爱情的忠贞，同时也唱出了荞面饸饹在陕北饭中的特殊位置。

荞麦是陕北的一种杂粮，每到仲秋，一片一片粉红色的荞麦濡染了陕北的山原。荞麦面具有降血压、降血糖、降血脂的作用，是现代保健食品，风行东方各国。而安塞的荞面饸饹更是一种美味。

制作荞面饸饹必须用一种特殊的工具——饸饹床子。过去的饸饹床子是用木头做成，分成一牝一牡，联以活轴，可随手起落。牝机的中间是个圆洞，底下嵌着铁片，凿有细密的小孔，孔可粗可细。制作时，先将荞面和成团，和时，里面可放少许沙蒿，不能太硬，然后揪一块放入牝机的圆洞中，把床子放在烧滚的开水锅上，再用牡机下压，面即成细条落入锅中，煮熟捞入碗中，浇上臊子即可食用。煮时要看火候，荞面易熟，又放了沙蒿，压出的饸

饹又细又长又韧，真是"捞在碗里莲花转"，配上各种臊子就成了美味。近年来，饸饹床子有了大改进，有塑料制的，有金属制的，还有带链条的，压饸饹更省力也更方便。

臊子是一种汤，有素臊子，用豆腐、洋芋、萝卜等切成丁，配以青菜即成。最上等的是羊肉臊子，把羊肉切成小块配以原汤汁，再撒上葱花和香菜，就成了羊肉饸饹腥汤。从中医角度来看，荞面属阴，羊肉属阳，阴阳搭配，就成了上好的美味。

荞面圪坨

荞面圪坨是用荞面做的一种面食。从小时候起，隔三岔五就有这样一顿饭食。那圪坨舀进碗里，像一碗白色的蜗牛，再配上红萝卜丁、洋芋丁、豆腐和菠菜，完全成了一碗艺术品。吃起来，圆润光滑，浓香爽口。

荞面圪坨的好坏，关键在于制作。先将荞面和成团，再搓成条状，面要稍硬一些，然后揪成指甲盖大小的小团，放在手掌心里用拇指用劲一捻，就成了一个圪坨。要做得精致，面团要小，捻时劲要使匀，圪坨边缘自然弯曲，空心中凹，圆润光滑。

在安塞，捻圪坨的好坏和快慢是衡量一个女子巧与不巧的标志。有的巧女子不在手心里捻，而放在干净草帽上捻，使圪坨带上各种花纹，有的捻出的圪坨像蜗牛，还有的人能双手同时捻圪坨，捻的又快又好，五六个人同时吃饭她也不慌不忙。

剁荞面

这是荞面的另一种做法。

荞面不是"擀"而是"剁"，说明了剁荞面的特殊。剁荞面是衡量婆姨女子做饭手艺高低的重要尺度。把荞面和好后,用擀杖在面案上随意擀几下,并不需要像擀面条那样擀成很大一个薄圆,就可把荞面用一个窄的面案盛起,将其一边担在锅沿上,再用剁刀把面直接剁到锅里。那剁刀是特制的,有一尺多长,两边有把,剁时双手握刀,要剁得又快又匀,一个人剁面可供六七人吃而不会耽搁。我见过剁荞面的不少高手,剁的面比细挂面还细。多年前,我曾写过一篇《山原的秋魂》的散文,入选多种散文选本,里面描写了剁荞面的情景,这里也就不再赘述。

洋芋擦擦

洋芋擦擦,顾名思义是用擦好的洋芋做的,又叫洋芋拨拉、洋芋库伦。关中人把它叫做闷饭。

洋芋就是土豆。做饭时,先把洋芋洗净,再用擦子擦成丝。擦时动作要快,否则洋芋丝氧化后会变成红色。擦好的洋芋丝拌入盐和各种调料后,再把面粉拌进去,一边拌一边搅,直到面粉都沾到洋芋丝上。然后上笼蒸熟,出锅后,可蘸着蒜泥和辣椒水吃,也可烧红油,加点瘦肉炒着吃,那更是一种美味。

过去的农家,有一种肉擦擦的做法,更是别有风味。擦洋芋的办法同上,拌面前,将一些猪肉切成薄片,肥瘦都行,和面粉、洋芋丝拌在一起。在这之前,先擀一块面,擀的大小和蒸笼的箅子大小相等,把拌好的洋芋等铺在上面,再上笼蒸,以防里面的猪肉渗出油来。蒸熟后,蘸着蒜泥和辣椒水吃,你想想都会流涎水。

油馍馍

油馍馍不是一般的蒸馍,是一种油炸食品,安塞人叫油窟链,"窟链"是土话,意指圆圈。因为油馍馍是圆形,中间有一个圆眼,类似古代的铜钱,逢年过节吃油馍馍,表示吉祥如意富贵长存。

在陕北,丰收后家家常炸油馍馍以示庆贺,并伴随着信天游的歌声唱起来:"软糜子窝窝油窟链,大囤子圪堆小囤子满……"那种喜悦是难以言表的。

油馍馍的做法是把黄米磨成面,用细箩箩过,再把软米熬成滚米汤烫面,放在热炕上发酵,面发后擀成一个个中间有孔的小圆饼,入油锅炸成红褐色。这种油馍馍吃起来外脆里嫩,米香浓郁,甘甜可口。

大烩菜

过去的陕北人一年四季少菜，特别是到了冬季，上顿下顿就是腌酸菜，有了来客，才做个洋芋熬白菜。最奢侈时，就是每年过年，全家人能饱饱吃一顿大烩菜，孩子们就常常盼着过年。

大烩菜关键是一个"大"字，就是菜的样数要多，白菜、洋芋块、萝卜块、豆腐块、粉条、海带来个一锅熬，富有些的家庭再往锅里放进些丸子，这就成了素烩菜，如果再往里面切些肉片，就成了肉烩菜。大烩菜里因菜的种类多，营养丰富，荤素由自己挑选，很受大家欢迎。吃时，一人舀一碗，吃馍或是吃米饭，都十分可口。

近年来，安塞人又用土豆制成了"板粉"，就是一种又粗又宽的扁粉条，与白菜、土豆片、猪肉炒在一起，名为"猪肉撬板粉"，实际是烩菜的变种，吃到嘴里肥而不腻，成为宴席上的上品。

擀杂面

说起中国的面食，数秦晋两省最好。不管是杂酱面、哨子面、扯面还是刀削面，原料都是小麦面，惟包括安塞在内的陕北，有一种擀杂面，那叫一绝。

杂面用豌豆磨成，掺进少量麦面，即可擀成面条。擀杂面得有很高的技艺，没擀过杂面的人，光和面就很难。好把式和完杂面后，两手清清爽爽，并不沾多少面痕。而不会和的，手怎么也从面盆里抽不出来，好容易和完了，沾在手上的面得用劲搓好一阵才能搓净。而擀杂面，更有技巧，不会擀的人，不但擀不匀，边缘烂的很多，弄不好，煮在锅里就成了一锅浆糊。

在安塞，能不能成为好媳妇，擀杂面就是一道关。那些巧媳妇，自有一手绝活，她们不慌不忙，擀起杂面来，双手均匀用力，只听到擀杖在案板上咚咚响，不用多时，杂面就擀好了。擀得又细又薄又匀的杂面，像纸一样，下锅煮出后，用筷子捞，越捞越长，直到碗都盛不下还没捞断，得把胳膊举得很高，才能捞完。杂面可调酱、醋、韭花干吃，也可浇上素臊子，吃到嘴里筋筋的，有一种淡淡的豆味，令人陶醉。

安塞的小吃还有许多，不可能一一道来，若要饱口福，还是请您来实地品尝。

安塞人物三记

高建群

白凤兰记

那一年我陪中央电视台《中国人》摄制组,去安塞一条山沟,为一位农民剪纸艺术家拍几个镜头。老人叫白凤兰,那年七十三岁了,皮肤白皙,举止安祥,试镜时,落落大方,安之若素的样子,连摄影师也感觉惊奇。拍摄途中,我们知道了这位艺术大师生活的贫困。她与丈夫,靠窑前一小块菜地里的蔬菜和窑背上一块坡地上种植的五谷为生,半饱而已。我们那次,将大把的钱丢在了招待所的房间、餐厅和租用的汽车上,仅给这位当事人以一袋面粉的拍摄费,细细想来,遗憾不已。当时,老者说,有的剪纸能手每月有十元钱补助,而她没有,不知什么原因。随行的县文化馆馆长答,有些剪纸能手是县政协委员,所以有点补助,云云。我们劝老者也去跑一跑,老者说,去县城要八角钱车票,她没有这八角钱,即便有,这八角钱能不能换五元钱,还是个未知数。记得我当时答应完了给县领导说,可是几个年月过去了,还没有说,真是罪孽。那一次拍摄完毕时,意外地见到了白凤兰画的一幅画。画的内容,记得我曾经在《陕北论》中谈及,这里不再赘述。归根结底,那是一幅崇尚生殖崇拜和赞美生命的图画,也许正是这样的心态,激励这些卑微的人们在这里劳作、生存并且一生与艺术为伴。陕北的农民画笔法粗糙，原始，以笔者管见，并不独立成系，仅与剪纸互为姊妹艺术而已。条件好时，以笔代剪，条件差时，以剪带笔，不拘形式，唯以表现自我，诉诸感情为其要旨。

王西安记

王西安属龙，今年正当其庚。她穿一件印花布大襟衫，衣服小了点，紧紧裹在身上，显得很精神。电视系列片《黄河》的序幕中，有几组她站在山峁上唱民歌、坐在炕上剪窗花的镜头，可能穿的就是这件衣裳。她十分俊秀，这样俊秀的女子在陕北农村到处可以见到，不同的是，她的俊秀中有一种聪慧的超凡脱俗的气质。她偶尔也笑笑，但笑时眼睛不笑，有一种我们不能理解悲哀和痛苦凝聚在她的黑亮的眸子里。

她擅长剪纸。这几年，靠外事办的联系，她和李秀芳一起去西安，应召每每为慕名而来的外国游客做剪纸表演，当然也出售一点剪纸作品。收入大部分交了公家，小部分算自己的所得。这样几年来，家境渐渐殷实，新垒起五面石窑。我们去时，是在春节，她正收拾行装，准备过罢十五之后，就去西安。一个弱女子，离乡背井，为公为私，抛下一家老小，挣几个辛苦钱也真不容易。

恰好有三个香港游客，在我们坐定之后，也赶到她家，要求购买一点剪纸留作纪念。开价说好每幅十五元，待到三幅剪纸拿到手中，港客说，是不是一共十五元。王西安木讷其词，不好意思争辩，这样港客便占了点小便宜。港客走后，王西安的丈夫埋怨她面情太软。王西安受了责备，默默无语。三位港客据说是工人，经济也不富裕，他们来内地旅游，嫌打个港客的招牌，花销太大，所以一直隐名埋姓，以"广东人"自居。

王西安剪纸之外，还擅唱陕北民歌。我们请她唱上一段，她抹不开情面，于是我们中的一位北京朋友，先引亢高歌，唱了一首《一无所有》，气氛活跃之后，王西安便不再推脱，轻声慢语，吟唱起来。歌声自然不如贺玉堂的高亢明亮，但情真意炽，缠绵悱恻，却是另一种韵致。

王西安膝下，有二女一子。大女儿正在上中学，母亲的基因看来在她身上并无多少留存，不会剪纸，亦不会唱歌，而且有一种小城女子的小家子气。我们没有见到她的儿子，但是见到桌上摆着的一件狮子状的石锁。王西安说，这是她的小儿子的。儿子出生后，"干大"送给他的镇宝。每过一岁，给石锁上缠一道红绳，一直到

145

十二岁。我们数了数,石锁上共有八道红绳。这么说,这位民间艺术家的儿子,今年八岁了。

贺玉堂记

贺玉堂的野嗓子,常常令我景仰不已。听贺玉堂唱歌,要邀他到山上去。站在高高的山峁上,四野悄然,几朵白云在蓝天上飘荡,贺玉堂一声《赶牲灵》突兀地起了,高亢、辉煌、灿烂、强劲,于是远远近近的群山便沉浸在歌声的意境中。

我想人的精神领域中,应当有一种高深境界。社会自然,万物万事,罗列境界之中,呈现出一种脱形得似尽善尽美的天堂般图景。佛家的面壁十年求一悟,儒家的修身养性,一日三省其身,其实都是为了排除俗念,超度血肉之躯,达到这一精神境界。文学

家、歌唱家、音乐家、画家也是如此,或因天性使然,或因刻苦修炼,茅塞顿开之日,便是进入佳境之时。此时此际,只要顺应愿望,即兴为之,便有惊世骇俗的产品出现。时人不明白此理,以为大家们每每无踪迹可查,却不知精神产品的产生,全在于精神境界的高深这一缘故。文学家的文字、歌唱家的声音、音乐家的旋律,尚不可捉摸,看那画家的绘画作品,便十分明白这个道理了。比如看梵高的《向日葵》。

上面一段议论,正是为了探讨贺玉堂民歌演唱风格那种明亮意境的来由。我不敢说贺玉堂曲

曲皆好,也不敢说贺玉堂声声皆美。形成他艺术风格的,其实也只有那么几首民歌,其余的,恕我直言,并没有达到高深境界,相反地有一种坑坑凹凹的味道。这说明了什么呢?这说明,贺玉堂的成功,出于一种天性,或者说天籁,阳光炙烤的高原给歌声以亮色,悲苦的生活给歌声以挣扎和生存的意识,而且,浓厚的民间传统基因给他以完成这种登峰造极的基础条件。反过来,正是一种天性使然,不自觉而为之,他不知道自己的高度在哪里,也没有在漫长的歌唱生涯中使自己的不足得到补充。

贺玉堂先后为《黄土地》《黄河》等电影、电视剧配唱,并留下银幕形象。山西电视台拟拍摄的一部电视片,将出现大量的陕北民歌,特邀贺玉堂主唱。安塞匆匆行旅中,又得聆听民间艺术家贺玉堂的金嗓子,笔者叹息曰:"此曲只应天上有,人间能得几回闻!"

以贺玉堂的实力,倘若参加全国性的民歌大赛,相信会一夜间名满天下。但据说,某一年的全国电视大奖赛中,贺玉堂竟未能打入决赛圈,无缘与全国电视观众见面,这消息激怒了中央音乐学院的学生,他们将贺歌仙请进校园,专门为他举行了一次"贺玉堂独唱音乐会"。贺玉堂失去了一次让社会认识自己的机会,是贺玉堂的遗憾,中国歌坛失去了一次让优秀人物出头的机会,应当说是中国歌坛的遗憾。看来,贺玉堂是为这块土地而出生的,花盆不愿养他,扩音器也容不下他的高音,那么,顺应命运,回到这块生身热土上来吧。

后 记

　　编写完本书,心里感到一丝欣慰,那就是我们为安塞文化的弘扬与传播,贡献了一份绵薄之力。

　　我们是土生土长的安塞人,成长于安塞,且又在安塞工作多年。对于安塞的山水草木,对于安塞的文化,我们的心里充满深深的挚爱之情。近年来,安塞文化以其深厚的内涵和特有的魅力,享誉四海,来安塞考察、学习、采风的专家学者、各界人士和游客日益增多。他们渴望更多地探寻安塞文化,欣赏安塞文化,阅尽安塞风土人情,却又苦于找不到能够全面地、简洁地介绍安塞文化的书。出于对乡土文化的热爱,对生于斯长于斯的家乡的深情,我们编写此书。这是我们的初衷,也是我们理应承担的责任。

　　对于本书的编写,我们确立了一个主旨,主要是介绍安塞历史文化、非物质文化、现代文化和黄土风情文化。由于资料缺乏,加之没有编写经验,我们的编写设想和意图, 我们对安塞文化的理解和思考, 也许没有能够完全体现到本书的篇章之中,然而任何事情总不会是完美的,只要我们努力去做也就足够了。需说明的是,本书除《传说安塞》和《诗文安塞》两个篇章以及《人文安塞》之《安塞十景》为编选之外,其余均为我们撰写。因学识浅薄,错误之处难免,敬请读者批评指正。

　　著名作家、陕西省文联副主席高建群,中共安塞县委书记吴聪聪分别为本书作序,为本书增色不少。县长杨宏兰、常务副县长刘卫平、宣传部长屈永峰、副县长霍爱英也为本书的编写给予了很好的指导意见。本书在编写过程中,得到了安塞民营企业家谢加民的大力支持,体现了他对乡土文化的热爱。谢妮娅、郭志东为本书提供了照片。谨向各位专家、领导以及支持本书的朋友致以诚挚的感谢。

编著者

2014 年 5 月 18 日